Dahemm
Rendezvous mit dem Saarland

Irene Siegwart-Bierbrauer (Hrsg.)
Landesvorsitzende des FDA Saarland

Dahemm

Rendezvous mit dem Saarland

éditions trèves

Die Deutsche Bibliothek - CIP Cataloguing-in-Publications-Data
Ein Titeldatensatz für diese Publikation ist erhältlich bei
A catalogue record for this publication is available from
Die Deutsche Bibliothek

Siegwart-Bierbrauer, Irene (Hrsg.),
Landesvorsitzende des Freien Deutschen Autorenverbandes (FDA) Saarland
Dahemm. Rendezvous mit dem Saarland
Trier: éditions trèves, 2002
        ISBN 3-88081-424-4

Haben Sie Hinweise zum Buch oder Fotos (neue und alte) aus dem Saarland für weitere Auflagen? Dann melden Sie sich bitte beim Verlag!

www.treves.de

Bitte fordern Sie unsere Prospekte kostenlos an!

Auflage: 5. 4. 3. 2. 1.
© und Gesamtproduktion im Jahr 2006 05 04 03 02
bei
éditions trèves
Postfach 1550
54205 Trier

Nachdruck und Vervielfältigung jeder Art, auch auf Bild-, Ton-, Daten- und anderen Trägern, insbes. Fotokopien (auch zum »privaten« Gebrauch), sind nicht erlaubt und nur nach vorheriger schriftlicher Absprache mit dem Verlag möglich.

Vorwort

Wenn wir Saarländer von unserer Heimat sprechen, benutzen wir meistens das Wort »Dahemm«. Wir verbinden damit nicht nur die Landschaften und die Orte, wo wir geboren und aufgewachsen sind. Aus dem Wort »Dahemm« spricht auch das historische Selbstbewußtsein einer Region, deren Geschicke Jahrhunderte lang von außen gelenkt und bestimmt wurden, bevor sie endlich bei sich selbst ankam und ihre föderale Eigenständigkeit errang.

Unsere saarländischen Wurzeln zu kennen, ist das eine. Sich ihrer im Alltag bewußt zu bleiben, ist etwas anderes, ungleich Schwierigeres. Lebensumstände und Lebensnotwendigkeiten unterscheiden sich heute kaum von Region zu Region – eine Entwicklung, die besonders durch die Medien und die wirtschaftliche Globalisierung verstärkt wird. Es ist schwerer geworden, die Unverwechselbarkeit eines Landes zu definieren, weil sie sich immer weniger an der Oberfläche ablesen läßt. Man muß schon in das Leben und seine Geschichten selbst eintauchen, in die Erinnerungen und Erfahrungen der Menschen – und dazu verhilft kaum etwas besser als gut geschriebene Literatur.

Diese Anthologie versammelt eine Auswahl solcher aus dem Leben gegriffener saarländischer Geschichten, die aus verschiedenen Jahrzehnten stammen, aber alle auf ihre Weise etwas darüber erzählen, was es heißt, im Saarland »dahemm« zu sein.

Peter Müller
Ministerpräsident des Saarlandes

Kurt Jungmann

Als Rotkreuzarbeit illegal war

Verbündete im Kampf gegen die Not: Carl Schmidt und Alfons Kirchner

In der ersten Zeit nach dem Kriege gehörte das heutige Saarland, damals noch Saargebiet genannt, zur französischen Besatzungszone. Zwar gab es Lebensmittelkarten für die Bevölkerung, aber oft waren sie nicht das Papier und den Druck wert. Schwarz- und Tauschhandel blühten. Das Geld – erst Saar-Mark, dann Saar-Franken – war praktisch wertlos. Wer im nahen Lothringen etwas damit einkaufen wollte, wurde zurückgewiesen mit der Bemerkung »Monnai nix gut«. Wer keine persönlichen Beziehungen in den »nahrhaften Gebieten« hatte, war übel dran. Das galt besonders für die vielen ausgebombten Menschen im industriellen Ballungsraum rund um Saarbrücken.

In den Jahren der Hungersnot 1945 bis 1948 bildeten Arbeiterwohlfahrt, Caritas, Innere Mission und das Saarländische Rote Kreuz beziehungsweise in dessen Verbotszeit der Saarländische Sanitäts- und Hilfsdienst (SSHD), der auch die Geschäftsführung besorgte, einen Hilfsausschuß. Aus Beständen der Wehrmacht wurden zehn Volksküchen eingerichtet, drei in Saarbrücken, je eine in Völklingen, Dudweiler, Sulzbach, Neunkirchen, Homburg, St. Ingbert und St. Wendel. Ihr Ziel war es, der hungernden Bevölkerung täglich eine warme Mahlzeit zu reichen.

Kampf um Kartoffeln

1946 gingen diesen Volksküchen die Kartoffeln aus, so daß sie kurz vor der Schließung standen. Aus Gründen, die heute nicht mehr zu rekonstruieren sind, war es nicht möglich, aus den Überschußgebieten der amerikanischen und britischen Besatzungszonen Kartoffeln für das Saarland zu bekommen, das damals zur französischen Besatzungszone gehörte.

Um die größte Not zu bannen, regte Caritasdirektor Carl Schmidt an, gemeinsam mit dem Geschäftsführer des SSHD, Alfons Kirchner, die bayerischen Caritasverbände sowie die landwirtschaftlichen Genossenschaften in München, Augsburg, Würzburg, Bamberg und Passau aufzusuchen und für die hungernde Bevölkerung des Saarlandes um Kartoffeln und Gemüse zu bitten. Die Bayern waren gerne bereit, zehn Wagen mit Kartoffeln und ebenso viele mit Gemüse zu liefern. Aber die amerikanische Militärregierung hatte die Ausfuhr von Lebensmitteln aus ihrer Zone bei hohen Strafen strikt verboten. Ausfuhrgenehmigungen für landwirtschaftliche Produkte waren nicht zu bekommen. Alle neuen Verhandlungen blieben erfolglos. Niemand in Bayern wagte es, die Verantwortung für die Ausfuhr zu übernehmen.

Carl Schmidt und Alfons Kirchner fuhren mit leeren Händen zurück. In der Tasche hatten sie lediglich eine inoffizielle schriftliche Zusage für die zehn Wagen Kartoffeln und Gemüse. Damit sprachen sie bei Colonel Lenard von der französischen Militärregierung in Saarbrücken vor.

»Es bedurfte langwieriger und mit zünftiger Überredungskunst geführter Gespräche und Überlegungen, wie man diese Lebensmittelsendungen unter Umgehung der amerikanischen Ausfuhrbestimmungen in die französische Zone einführen konnte ...«, schrieb später Alfons Kirchner, der infolge seiner Sprachkenntnisse die Verhandlungen führte. Es gelang ihm, Colonel Lenard zur Unterschrift einer »vorsorglichen Einfuhrgenehmigung« zu bewegen. Der Offizier lehnte aber eine Verantwortung gegenüber den amerikanischen Verbündeten ausdrücklich ab.

Gefängnisstrafen riskiert

Mit dieser zweifelhaften Bescheinigung aus Saarbrücken und der nicht offiziellen Zusage aus Bayern reisten Schmidt und Kirchner wieder nach Augsburg, München, Passau, Würzburg und Bamberg, um die Verfrachtung in Eisenbahnwagen und die Ausfuhr aus Bayern zu regeln. Sie trugen die alleinige Verantwortung und riskierten Beschlagnahmung und hohe Gefängnisstrafen wegen Manipulation – um nicht zu sagen wegen Schieberei oder Schwarzhandel.

Mehrmals mußte Kirchner den Transport begleiten. Bei jedem längeren Aufenthalt auf den Bahnhöfen überzeugte er sich, daß die Wagen noch am Zug hingen. Schließlich trafen die Ladungen an der saarländischen Grenze ein. Wieder mußten sich der Caritasdirektor und der Generalsekretär einschalten, bis die französischen Zollbehörden Kartoffeln und Gemüse freigaben. Damit war der Fortbestand der zehn Volksküchen und die Versorgung der Alters- und Kinderheime im Saarland für eine Zeitlang gesichert.

Hilfe wurde bestraft

In fast allen Kriegsgefangenenlagern Frankreichs berichteten ehemalige deutsche Soldaten, die auf der Flucht in die Heimat wieder eingefangen worden waren, daß man bei der Caritas und beim Roten Kreuz in Saarbrücken Hilfe und Unterstützung bekommen könne. Entsprechend hoch war die Zahl der Flüchtlinge, die heimlich hier vorsprachen. Um diese Fluchthilfe abzustellen, ließ sich die französische Geheimpolizei etwas einfallen. Sie schickte Provokateure.

An Fastnacht 1947 baten wieder zwei junge, halbverhungerte Burschen in abgetragenen deutschen Uniformen in der Geschäftsstelle des SSHD in der Gerberschule um Zivilkleidung und Fahrkarten nach ihren Heimatorten in Mitteldeutschland. Wie viele andere Flüchtlinge zuvor erhielten sie Kleidung und Verpflegung. Wegen der Fahrtkosten rief Kirchner beim Caritasverband in der Mainzer Straße an. Seltsamerweise ging aber niemand ans Telefon. Das erschien verdächtig. Deshalb ging Kirchner selbst hin.

Er fand aber weder Caritasdirektor Carl Schmidt noch seine Sekretärin. Im Vorzimmer und im Büro lagen Akten verstreut herum. Zwei französische Gendarmen durchsuchten alle Schreibtische und Schränke.

Sofort fielen sie über ihn her und wollten wissen, was er hier zu suchen habe. Er nannte seinen Namen, zeigte seine Papiere und sagte, daß er vom Roten Kreuz komme, um mit dem Caritasdirektor einen wichtigen Sozialfall zu besprechen. Ob ihm die Gendarmen glaubten? Sie führten ihn in ein Hinterzimmer, in dem er Caritassekretärin Kontz und eine Putzfrau fand. Man verbot ihm jegliches Gespräch mit den beiden Frauen.

Nach einer Stunde schweigenden Wartens ging Kirchner verärgert zu den immer noch suchenden Gendarmen und fragte, warum man ihn gefangen halte. Sie notierten sich Privat- und Dienstanschrift, bedeuteten ihm, er werde noch Näheres erfahren und entließen ihn. Schnell begab er sich in sein Büro, wo die beiden geflohenen Kriegsgefangenen inzwischen mit Zivilkleidung, Reiseproviant und Geld versorgt waren. Nach seiner Warnung verließen sie eilends das Haus.

Hausarrest für den Caritasdirektor

Natürlich erfuhr Kirchner bald, was bei der Caritas vorgefallen war. Direktor Schmidt und die Damen Kontz und Ruhmann wurden verhaftet. Carl Schmidt erhielt eine Woche Hausarrest, den er in der Wohnung eines Monsieur Radeaux verbrachte. Das Militärgericht verurteilte die Sekretärin zu sechs, die Putzfrau zu drei Monaten Gefängnis wegen Beihilfe zur Flucht. Caritasdirektor Schmidt erreichte durch ein Gnadengesuch den Erlaß von einem Drittel der Strafen. Dann fuhr er eigens zum französischen Hauptquartier nach Baden-Baden, wo auf seine Bitten hin wieder ein Drittel der Strafen gestrichen wurde.

Weder Caritasdirektor Schmidt noch die beiden Frauen hatten

eine Silbe davon verlauten lassen, daß auch den Mitarbeitern des Saarländischen Sanitäts- und Hilfsdienstes, dem späteren Roten Kreuz, das gleiche »Verbrechen« der Gefangenenhilfe hätte zur Last gelegt werden können.

Die beiden uneigennützigen Helfer waren persönlich zu bescheiden, um ihre gemeinsame Zivilcourage zu publizieren oder Aufzeichnungen zu hinterlassen. Caritasdirektor Carl Schmidt wurde später Dechant in Saarbrücken, dann Weihbischof von Trier. Alfons Kirchner arbeitete bis zu seiner Versetzung in den Ruhestand als Landesgeschäftsführer des Landesverbands Saarland im Deutschen Roten Kreuz. Beide verstarben im Frühjahr 1989.

Vera Hewener

KZ Neue Bremm

Die roten Kacheln im Waschraum
das Wasser wäscht sie tot die Männer
sie frieren sie tragen die Knochen zu Grabe
im Waschraum da liegt es sich gut
auf dem Martertisch im Waschraum da liegt es tot
das Skelett mit verdrehten Armen und Beinen
die Augen starren sie staunen
über das Weiß im Gesicht
»Das ist Hygiene in Deutschland!«

Der Löschteich ist kalt und verdorben
er spuckt ständig Schlamm und Geröll
die Männer sie hocken sie hüpfen
im Entengang unten am Teich da knarrt es
da kracht es sie fallen und fallen
Gewehrkolbenhiebe Fußtritte Schläge
sie peitschen sie hoch die Männer sie taumeln
am Teich am Morgen am Mittag am Abend

die seifige Planke neigt schräg sich zum Wasser
die Kipplade trägt ins Wasser den Tod
die Männer zerschlagen ihr Rot läuft davon
ins Nichts trägt die Luft die Skelette
die balancieren auf der Planke am Teich
die Kugel löscht die Bewegung im Grab
aus Wasser die Hände am Bassinrand noch klammern

Der »Salatkorb« hält still entläßt seine Fracht
Kolonnen aus Widerstandskämpfern Gefangenen
sie reihen sich auf stehen stramm unterm Schild:

»Ihr seid hier um zu leiden und zu sterben –
Die Nahrung die man euch gibt ist nur ein Geschenk«
Da sehen sie's der Teufel ist hier der Teufel ist hier
»Juden und Priester vorgetreten« der Teufel ist hier
der Teufel ist hier er wütet er wütet

Der Kapo er schreit *»Was ihr wollt nicht marschieren!«*
und schlägt und schießt er tritt und brüllt:
»In die Hocke im Kreis um den Teich!«
die Stunden sie kreisen sie halten still
beim sechsten Schlag die Juden sind tot die Juden sind tot
die Priester im Schlamm im Rot die Soutane
»Ihr sollt noch nicht sterben« geschleift zur Baracke
»Ihr sollt langsam sterben« sie knallen zu Boden

Ein Kohlblatt im Wasser der stinkenden Brühe
verfault sind die Rüben versalzen der Sud
das Brotstück im Magen der Hunger er wütet
in den Gedärmen der Männer von morgens bis abends
die Hasen wie Könige schlemmen im Stall
die Männer sind hungrig auf Verrat steht Brot
die Männer sind hungrig ein Dieb ist ein Held
ich hab was gehört ich hab was geseh'n

Der Teufel ist hier der Teufel ist hier
er greift nach den Frauen der Männer
er greift nach den Schwestern und Müttern
er zeichnet die Spur in den Leibern
Der Aufseher schnallt seinen Gürtel
der Teufel ist hier der Teufel ist hier
die Frauen sie wimmern sie torkeln
kein weißer Fleck im Gesicht zerrissen die Lumpen

Das Wasser im Waschraum es wäscht schon
die Kacheln sind rot die Kacheln sind rot
der Tisch wird geleert der Vorrat an Särgen

ist aufgebraucht wohin mit den Toten
der SSler sagt »*Auf den Müll mit dem Müll*«
die Aborte sie stinken der Haufen der Toten wächst täglich
das ist die Hölle in Deutschland der Teufel ist hier

der Teufel ist hier
im Lager des langsamen Sterbens
im KZ Neue Bremm

(nach Berichten der Häftlinge. Quelle: Neue Bremm. Ein KZ in Saarbrücken. Raja Bernard, Dietmar Renger. Geschichtsverlag S. Brück. Heusweiler 1999)

Josef Gillet

Bergmannskühe

»Wo sinn donn uus Geißen?« honn ich de Mama gefroot, wie ich uss da Gefongenschaft hämm kumm bin.

»Furt«, hat se donn gonz leis gesaat.

»Furt? Watt soll donn datt heischen?«

»Ei furt, ämm Gaaden, änn da Wies!«

»Wie soll ich datt vastehn?«

»De Summabärch sinn se nuff gelaaf, do nuff, zu da Äärbach, unn se honn jämmerlich geschrieh: Määh, määh! Mir sinn de Tränen kumm! Die von da Padei honn vor da Dier gestonn bei da Ewakuierung unn honn gedriew: ›Mach de Stalldier uff un loss se laafen, wohinn se wollen. Et Milidär wird se schunn ännfongen unn donn schlachden!‹ – ›Watt soon Ihr doo, schlachden?‹

Die aarm Geißen schlachden, so nitt! Määh honn se imma noch geschrieh, wie se do owwen gelaaf sinn, se honn nittmold meh rimgeguckt, seitdem stett da Geißenstall lään!

Mäddem Laschtaudo honn se uus furtgeschafft noo Thieringen. Drei Daach ämm Laschtaudo, Daach unn Naat. Unn da Papa woor so kronk, Silikose. Hatt kään Luft gritt.«

All Leit honn Geißen gehatt, Bergmonnskieh, zwei, drei Geißen, änn Witz und zehn, zwölf Hinkeln: Eier, Milch und Fleisch, datt hatt gelongt for uus Eltern unn drei Buwen.

Ich honn doch de Geißenmilch so gäär gedrunk, honn de Mischt ussgemach unn honn de Geißen gebirscht unn geströhlt. Do honn se imma gemäggert: Määh, määh! Unn scheene Geißen honn mir gehatt. Ich honn noch en Foto von ihnen geknipst.

Jetzt honn mir kään Geißen meh. Da Geißenstall stett seitdem lään. Haut sinn fascht kään Geißen meh änn Pittlingen. Sinn äänfach furtgelaaf.

Marlies Böhm

Wie eich noch klään wòr

Wie eich noch klään wòr, wòr et em Wenda morjens so lang kalt wie e Schwein, bis de Mama en da Kich et Feia aangefang hòtt. Da Papa hòtt missen de Kòllen aus em Kella hòllen. Samschdes, wemma gebaat hann, eß die groß Bitt ròffgeschlääft òn vor de Ohwen geschdallt genn. Et Wassa hòdde ma em greeschden Deppen heiß gemach.

Òn wat wòr dat äppes, bis ma sei Hòa nòmmò tròcken hòtt, so ganz ohne Fön! Bei meinen dicken Bietzen hòtt dat sei Zeit gedauat.

En de Schòòl hòdden mir noch Schiarzen aandouen missen fòr de Klääda se schonen. Et wòr jòò aach nett so ääfach met da Wäscharei dòòmòòls.

Määndes hòdden de Mamma òn de Oma de ganzen Dach dòò damet se douen: enwaichen, die weiß Wäsch em Kessel kochen, de dickschden Dreck rausbiaschden, em Tròch em kloaren Wassa schbe-ilen, met da Hand alles ausdrähen òn dann en de Gahden òdda en de Wäschkich òffhänken. Dòò danòò eß die bunt Wäsch draankòmm òn da allalätscht de Schaffklääda. Dòò eß jeedes Mòò en Haufen Hettendreck rauskòmm.

Et Bijeleisen eß òm Ohwen warm gemach genn.

Wie eich noch klään wòr, senn de Mannsleit sònndes òff Sechzehn schaffen gang òn aachteveazisch Schdònnen en da Wòch. Wenn et getuut hòtt, hann se ihr Fahrrädda gehòll òn senn hämm gefahr, aach die vaan Diefeln, Nòòlbach, Beckingen, Deppeweila òn den annaren Derfan. Durch de Schdummschtròòß senn a aach vill òff de Zuch gang.

De Schtròòßebahn wòr aach noch gefahr.

En uusa ganza Schtròòß hòtt et ään änzisch Audo genn.

De Mama hòtt uus Kennan de Klääda all noch selwa genäht, määschdens aus alden Sachen vaan den Großen. Kaaf genn senn hekschdens Ònnabòxen òn Summaschtremp. Die dick Schtremp hòtt de Oma geschtrickt.

Wie eich noch klään wòr, hòddet nett jeeden Dach Flääsch òn Wuascht se essen genn. Dat kònnt kaum ääna bezahlen. Manchmòò hòdden sogar de Mannsleit Se-ißschmea òff ihren Schischdaschmearen.

Melch eß en de Melchkann kòmm. Die durfschde nett schlänkan òm Hämmweech vaam Melchgeschäft, sònscht hòttschde alles vasuddelt.

En da School hòttschde se mem Schdock kre-it, wenn de nett pare-iat hòttscht òdda wenn de die drei Seiten Gedicht mòò nett gutt genuch geleart hòttscht.

Da Leara eß aach sònndes en de Kirch kòmm òn hòtt gelout, ob ma uus aach all gutt schecken. Òn wehe, de wòrscht mòò nett en da Meß! Dann kònnschde de annan Dach äppes alleewen!

Wie eich noch klään wòr, hòtt eich ään änzisch Pòpp, òn die hòtt schon meina Mama geheart. Da Papa hòtt fòr Kreschtkenndchen e Bett geschnetzt òn de Oma hòtt Pòppeklääda genäht vaan de Räschdan vaam Schdòft.

Neewen uus die alt Millaschwääs, die hòtt kää Zänn meh. E Gebeß kònnt se sich käänt machen lòssen bei dem beßjen Rent. Dòò mòscht se et Brot eewen tònken.

Mei Tant wòllt dòòmòòls gää òff de hea School gehen wie ihr zwei Bre-ida. Dòò hòtt da Opa gesaht: »Dau bleifscht scheen òff da Volksschool. Dau brauchscht nett so lang se learen. Dir Fraaleit heiraten jòò schbäda doch.«

Jòò, so wòr dat alles, wie eich noch klään wòr.

Haut sahn se, dat wär die gutt alt Zeit gewehn.

Dolly Hüther

Valan® – Die Waschmaschine in der Tüte

»Valan, die Waschmaschine in der Tüte«, so klingt es aus allen Lautsprechern. Am Himmel ein Flugzeug, das ein Spruchband hinter sich herzieht. Wir lesen: »Valan, die Waschmaschine in der Tüte.«
Meine Mutter sagt, daß sie gehört habe, es handele sich dabei um ein völlig neues Waschmittel.
»Für mich, als erfahrene Hausfrau«, so erklärt sie, »ist das nichts. Das kann gar nichts taugen, denn die Wäsche soll direkt ins heiße Wasser gelegt werden, ohne vorheriges Einweichen. Angeblich soll es sogar sauber machen. Ich kann mir so etwas nicht vorstellen.« Die beiden anwesenden Töchter, meine Schwester und ich, bestätigten der Mutter – die eine tüchtige Hausfrau ist: »Das kann nur ein moderner Dreck sein.« So geschehen 1952 auf unserem Balkon in Gersweiler, in der Pfählerstraße 75. Das Ganze wurde vorläufig vergessen und die Wäsche in gewohnter Form im Kessel gekocht, bis – ja, bis meine Tante, die Schwester meiner Mutter, zu Besuch kam. Was war ihr erstes Thema?
»Valan, die Waschmaschine in der Tüte.« Tante Anni konnte schon nähere Angaben machen, denn sie hatte von anderen Frauen gehört, es soll toll sein. Aber das war nicht der Grund, weswegen sie unbedingt mit uns sprechen wollte. Sie hatte ein Inserat dabei, in dem Werbedamen als Propagandistinnen gesucht wurden. Die Bezahlung sollte verhältnismäßig gut sein, und außerdem wurden Spesen in Aussicht gestellt. Sie machte mir diese Tätigkeit schmackhaft, da ich nach Beendigung meiner Lehre arbeitslos war.
»Bewirb dich! Bei deinem Redetalent und deiner Art, wie du dich artikulieren kannst, wäre das sicher das Beste, wenn die dich nähmen. Außerdem könntest du deine Eltern wieder un-

terstützen. Es wäre noch dazu eine sinnvolle Tätigkeit.«

Meine Tante hatte sich regelrecht in die Idee verrannt. Ich mußte dadurch alle Gegenargumente aus meinen Gedächtnisschubladen herauskramen, denn ich wollte auf gar keinen Fall von Haus zu Haus laufen, um Leute für ein neues Waschmittel zu gewinnen, das bei Hausfrauen sowieso sehr umstritten war.

»Nein, Tante Anni, ich habe meinen Beruf doch nicht abgeschlossen, um ihn jetzt nicht mehr auszuüben«, schwindelte ich ein wenig. »Erstens gefällt er mir und zweitens hat er in der Gesellschaft einen hohen Stellenwert. Ich bin Zahnarzthelferin und assistiere damit bei schwierigen Eingriffen. Daß mich mein Chef nach der Lehre nicht übernehmen konnte, dafür kann ich nichts.«

»Du hättest halt vor ein paar Wochen die Stelle bei Dr. B. in Burbach annehmen sollen, der sogar über Tarif bezahlen wollte. Aber da hatte ja die junge Dame ein Haar in der Suppe gefunden.«

»Nein, nein, so ist es nicht, kein Haar. Ich kann und will nicht darüber reden und jetzt Schluß!«

Sowohl meine Eltern als auch meine Geschwister konnten nicht begreifen, warum ich dieses hervorragende Angebot in Burbach nicht angenommen hatte. So nah am Wohnort und so viel Geld. Aber welche junge Frau – ich war gerade 20 Jahre alt – hätte zu der damaligen Zeit von einem Ereignis geredet oder gar aus eigenem Erleben berichtet, das mich so sehr getroffen hatte. Für mich waren danach alle Zahnärzte erledigt. Als Chef kamen sie nicht mehr in Frage.

Der **Grund:** Ich hatte mich bei dem am linken Arm gelähmten Dr. B. in Burbach vorgestellt. Er fand, daß ich ihm gefalle. Er hat keines meiner Zeugnisse betrachtet, mir die ganze Praxis gezeigt, zuletzt die Dunkelkammer.

»Sie können doch hoffentlich Röntgenfilme entwickeln und kleine Arbeiten im Labor ausführen?« Ich bejahte, da ich bei einem Dentisten gelernt hatte, der ein eigenes Labor besaß.

Mit den Worten »Sie gefallen mir ausnehmend gut« griff er mit dem funktionstüchtigen rechten Arm – wie zufällig – an meiner

Brust vorbei, glitt unauffällig bis zu meinem Oberschenkel und drängte mich auch noch in den kleinen Raum.

Ich fühlte mich wie eingeschlossen und dachte:
Nur schnell raus hier!

Irgendwie gelang es mir. Im Sprechzimmer konnte ich im Vorbeihuschen noch schnell meine Papiere und Unterlagen greifen und fluchtartig die Praxis verlassen.

»Sie hören von mir«, waren meine letzten Worte.

Auf dem Weg nach Hause habe ich mir Vorwürfe gemacht. Mit was habe ich diesen Mann ermutigt, mich anzufassen? Ich habe zu dieser Zeit und auch noch lange danach – wie viele Frauen – die Schuld bei mir gesucht und deshalb darüber geschwiegen. Jahre später erfuhr ich durch das Ärzteblatt, daß Dr. B. wegen ähnlicher Vorfälle die Approbation entzogen worden war.

Dieses Erlebnis war schon ein Grund, warum mich meine Tante schlußendlich doch weichgekocht hatte. »Ich werde für dich auf die Anzeige schreiben. Weißt du, ich bin Lehrerin, und wenn ich dich als meine Nichte wärmstens empfehle, nehmen sie dich vielleicht.«

»Tante Anni, bitte blamiere dich nicht, die suchen bestimmt etwas ältere, reifere und erfahrene Frauen, die in ihrem Leben schon öfter gewaschen haben. Ich kann einer geübten Hausfrau nie und nimmer etwas vormachen«, waren meine allerletzten Gegenargumente. Meine Tante wußte durch ein Zitat aus der Zeitung auch diese zu entkräften. Sie las: »Sie werden von uns geschult und ausgebildet.«

»Was sagst du jetzt? Du bekommst damit sogar eine Zusatzausbildung! Weißt du was, ich schreibe für dich und wir warten ab, vielleicht nehmen sie dich ja nicht.«

Nach drei Tagen war schon die Antwort da. Ich solle mich vorstellen. Ab dann ging alles sehr schnell. Montags darauf war der erste Schulungstag in der Seifenfabrik Hartung, in Saarbrücken am Halberg. Wir – es waren vier Frauen – wurden durch das Werk geführt, genauestens mit der Waschmittelherstellung vertraut gemacht, indem wir die einzelnen Stationen bis zur Abfüllanlage besichtigten. Am Labor ging es nur kurz vorbei, da dort eine der wichtigsten Einweisungen über mehrere Tage laufen sollte. In einem Raum für Besucherinnen und Besucher waren Getränke und ein kleiner Imbiß vorgesehen mit einem Vortrag über die Firma, von der Entstehung bis zum Endprodukt.

»Valan, die Waschmaschine in der Tüte« wurde uns als Sensation auf dem Waschmittelmarkt gepriesen. Der Personalchef begann seine Ausführungen mit den Worten: »Fräulein Conrad, Sie sind zwar erst 20 Jahre und damit unsere jüngste Außendienstmitarbeiterin, aber das ist für uns ein Experiment, ob wir für diesen Beruf auch ganz junge Frauen einsetzen können.«

Der Tag ging mit der Aussicht zu Ende, auch mit erfahrenen Werbedamen mitgehen zu können, um überzeugende Argumente zu erlernen. An den nächsten Tagen wurde uns ein genaues Berufsbild dieser Werbefrauen gezeichnet.

Wir sollten fit gemacht werden für die Produkte der Firma Hartung, in der Hauptsache für Valan, um von Haus zu Haus zu werben, Werbung in einschlägigen Geschäften durchzuführen und am Abend in einem Lokal einen Vortrag mit praktischer Vorführung halten zu können.

Dazu wurde uns außerdem eine sehr intensive Rhetorikschulung im Hauptwerk in Bissingen an der Enz in Aussicht gestellt. Dort sollten wir freie Rede trainieren, auf Band sprechen und uns selbst korrigieren. Alles, was da so in den ersten Tagen auf mich zukam, war spannend und äußerst interessant. Allmählich kam bei mir sogar Freude auf, ich hatte richtig Lust, morgens in diese Fabrik zu fahren.

Im Versuchslabor lernten wir waschen. Zuerst mit den drei Hauptprodukten EINWEICHTIP, HEXIM und BLEICHTIP, die im Saargebiet eingeführt und marktführend waren, aber die traditionelle Waschmethode beinhalteten. Ohne diese Vorkenntnisse konnten die Vorteile, die »Valan, die Waschmaschine in der Tüte«, brachte, nicht erläutert werden. Die gängige Methode war mir durch unseren eigenen Haushalt bekannt.

Als ich am Abend von der speziellen Valanschulung nach Hause kam, sprudelte es nur so aus mir heraus: »Mutti, hol den Einkochtopf, ich werde für Euch eine Vorführung machen. Ruf

Tante Anni und Siegi, meine Schwester. Alle sollen sehen, was das für eine große Hilfe ist.«

Ich hatte den Topf ¾ mit Wasser gefüllt, auf den Gasherd gestellt und während das Wasser heiß wurde, die schmutzigsten Handtücher, meinen Kittel und diverse andere Wäschestücke sortiert und sehr wichtig erklärt: »Da, wo sich eventuell Eiweißflecken oder Blutflecken befinden, das muß ich vorher auswaschen, denn sonst bleiben die Flecken.« Als das Wasser kochte, nahmen wir alles mit in die Waschküche. Dort riß ich eine der großen Tüten mit der blauen Schrift »VALAN« auf, streute den Inhalt in das heiße Wasser, rührte mehrere Male um und legte die Wäsche hinein. Nicht zu viel, denn die Wäsche sollte darin zwei bis drei Stunden locker ruhen. Dabei war für die anwesenden Frauen, aber auch für meinen inzwischen dazugekommenen Vater und Bruder bemerkenswert: »Ja, und jetzt wäscht das Valan ganz allein.«

»Komm, wir gehen rauf, denn das ist das Sensationelle, der Reinigungsprozeß vollzieht sich ab jetzt von selbst.« Oben in der Wohnung suchte ich noch Blusen und Pullover, die im Waschbecken von Hand zu waschen waren, denn ich wollte doch auch noch zeigen, daß unser neues Produkt die sogenannten zarten Wäschestücke sauber macht und zwar sehr schonend. Ich hatte geduldige Zuhörerinnen und Zuhörer. Obwohl schon spät, wurde an demselben Abend die Vorführung beendet, indem ich meinen staunenden Verwandten den Erfolg zeigte. Die Handtücher, schön sauber. Meine Mutter prüfte die Kragen an den Hemden. Nur hier und da ein wenig nachreiben. Danach ausspülen und aufhängen. Alle waren begeistert. Ich war stolz, denn wenn ich meine skeptische Mutter und sogar meinen Vater überzeugen konnte, dann müßte mir mein neuer Beruf auch Spaß bereiten.

Als die Schulung abgeschlossen war, wurden wir in einem Kleinbus in irgendeinen Ort gefahren. Dort verteilten wir uns und gingen von einem Haus in das andere, um die Wundertüte Valan an die Frau zu bringen. Mein erster Besuch mit einer Kollegin zeigte gleich den schwersten Part dieser Tätigkeit: die Überwindung, an einem Haus zu klingeln und die Leute anzusprechen. Es gab zu dieser Zeit noch kein Fernsehen, und ich staunte nicht schlecht, wie freundlich die Leute im Saargebiet waren. Durch die Unterstützung des Radios und der Werbebanner an Flugzeugen, waren die Menschen auch schon informiert. Ein weiteres Positivum, ich lernte meine Heimat kennen, denn mit den Jahren bereisten wir das ganze Saargebiet.

Die Geschäftsleute, bei denen wir für unsere Produkte Ladenwerbung durchführten, waren auch sehr begeistert, denn am Abend nach einem solchen Werbetag stimmte die Kasse dadurch, daß wir die Kundinnen zum Kaufen unserer Produkte überzeugten.

Bei den abendlichen Waschvorträgen war das schon wesentlich schwieriger. Wir wurden mit einem Gaskocher, der dazu gehörenden Gasflasche und einem Topf wie ein Einmachtopf ausgerüstet. Der Vortrag mit der praktischen Vorführung sollte ungefähr 1½ Stunden dauern. Die Besucherzahlen waren für heutige Verhältnisse einfach toll. An manchen Orten kamen bis zu 70 Personen – sehr oft sogar auch Männer.

Von der Firma hatten wir eine sehr geräumige Ledertasche erhalten, in der spezielle Werbematerialien wie Prospekte, aber auch Geschenke untergebracht werden konnten. Probepäckchen von allen Produkten. In der Hauptsache Valan. Aber auch kleine Stückchen Seife, die sehr beliebt waren, konnten wir verteilen, da die Firmen Hartung und Kirchner auch die Feinseife »Lanolin Goldcreme« herstellten. An den Vortragsabenden hatten wir als Geschenke ganz normal große Seifenstücke oder sogar einen Waschknüppel aus Holz, ein sehr begehrter Artikel zu dieser Zeit. Heute, im Zeitalter der Waschmaschinen, ist er nicht mehr bekannt.

Da ich eine sehr lustige Person bin, wollte ich unsere Vorträge, wir waren immer zwei Frauen, etwas auflockern. Reimen ist und war schon damals eines meiner Hobbys. Zu Geburtstagen und sonstigen Feiern verfaßte ich kleine Verse.

Valan und meine Tätigkeit hatten mich so gepackt, daß ich mich hinsetzte und ein paar Zeilen reimte. Ich begann meinen ersten Vortrag mit folgendem Song, nach der Melodie »*Das Glück hat heut' Premiere*...«

»Mein Vortrag hat heut' Premiere,
und das Stück heißt nur Valan
und wenn ich mich auch wehre,
heute komm ich ganz bestimmt daran,
die Sätze so zu formen,
wie das die älteren Damen tun.
Ich kann's noch nicht,
doch 's geht schon bald
ich werd' nicht eher rast' noch ruh'n.«

Den Abschluß gestaltete ich, indem ich nach der Melodie »*Mit Musik geht alles besser*...« meinen eigenen Text sang:

»Mit Valan geht alles besser,
mit Valan geht alles gut,
liebe Frauen, macht's euch leichter,
seid höllisch auf der Hut.
Spart Zeit für eure Hobbys
und auch für euren Mann,
mit Valan wäscht sich's halt leichter
wie ihr's bis jetzt getan.«

Meinen Kolleginnen und dem Publikum gefiel die Auflockerung. Ich war von dieser Art, mein Geld zu verdienen, derart eingenommen, daß ich meiner »dichterischen« Ader ein weiteres Mal freien Lauf ließ und eines Abends stand folgendes auf dem Papier:

Sketch

Immer wieder nach Schlagermelodien, wie z.B. nach »*Schau nicht links, schau nicht rechts, schau nur geradeaus* ...«

»Einweichtip, Einweichtip, das ist der Anfang
unseres Dreiklangs, was halten Sie davon?«

Melodie: »*Liebe ist ja nur ein Märchen*...«

»Gut eingeweicht ist halb gewaschen,
sagt ein altes Sprichwort zu dir.
Ja nimmst du Einweichtip,

dann hast du dabei Glück,
das Einweichen, das geht wie im
Augenblick, Augenblick.«

Melodie: »*Wenn ich leise Baby sage ...*«
»Zur Wäsche sag' ich nur noch Hexim,
denn das ist so unerhört bequem.
Was denken Sie, wie das beim Waschen schnell geht,
das ist sehr angenehm.
Die Wäsche in Hexim zu waschen,
das ist heute eine Spielerei,
und hinterher dann werden Sie feststellen,
unsere Wäsche, die ist einwandfrei.
Wenn ich leise Hexim sage,
klingt das wie Musik,
denn das Päckchen Hexim
ist für uns der richtige Tip.«

Weiter mit der Melodie: »*Weißt du, was das heißt Heimweh ...*«
»Weißt du was das heißt Bleichtip?
Wie die Wäsche schreit nach Bleichtip?
Alles ringsumher ist von uns bekehrt,
alles möchte nur noch Bleichtip, Bleichtip.
Der Wirkstoff Aquasin im Bleichtip
erhöht die Spülkraft noch von Bleichtip.
Jede, die das nimmt,
sagt hinterher bestimmt,
ich nehme jetzt auch nur noch Bleichtip.«

Melodie: »*Wir zwei sind die besten Kameraden ...*«
»Diese drei sind die besten Kameraden,
weil sie sich so gut verstehen,
und das ist schön.«

Melodie: »*Der Onkel Doktor hat gesagt ...*«
»Trotzdem hat der Onkel Doktor noch gesagt,
ich darf nicht waschen,
ich bin ihm viel zu schwach und klein dazu,
jetzt nehm ich nur Valan zur kleinen Wäsche,
dann bin ich fertig 1, 2, 3 im Nu.«

Melodie: »*Es klingt fast wie ein Märchen*...«
>»Es klingt fast wie ein Märchen,
>das ist doch nur Valan.
>So flüstert's mir ins Öhrchen,
>das ist doch nur Valan.
>Die Wäsche so hell und klar
>und wäscht noch so einfach dabei,
>man sieht sich an und glaubt beinah'
>es sei Hexerei.«

Melodie: »*Amore, amore*...«
>»Ein Liter Wasser, ein bißchen heiß,
>zwei Löffel Valan dahinein schmeiß,
>kaltes Wasser kommt noch dazu-u,
>dann geht das Waschen im Nu-u,
>anschließend wäscht man noch Strümpfe daraus,
>dann wird geputzt damit das ganze Haus.
>Dann kann man aus dieser Brühe
>Kaffee kochen ohne Mühe.«

Also,
>»Wenn du zu der Wäsche, die fein ist und zart
>immer nur nimmst Valan, Valan,
>ich kann dir nur sagen, die wird ganz apart,
>wenn du nur nimmst Valan.
>Ich sage kein Wort, schau nur her dieser Schaum,
>den gibt es bei sonst einem Waschmittel kaum.
>Valan, Valan, das gibt es bei sonst einem Waschmittel kaum,
>Valan, Valan, das gibt es bei sonst einem Waschmittel kaum.«

Als Schluß:
>»Ja, sehen Sie meine Damen,
>bei uns geht das so,
>wir leben und wir sterben für Hartung und Co.«

Damals fand ich meine Ideen gut. Ich nahm all meinen Mut zusammen und gab dieses Gereimte meinem Gruppenleiter, Herrn G., damit er es zur Verwendung an die Firmenleitung weiterreichen sollte. Nach einigen Tagen bekam ich das Heft mit den Worten zurück: »Die Firma kann es nicht gebrauchen. Es ist ja ganz nett.« Heute spekuliere ich, ob er meine Verse überhaupt weitergeben hat? Ich denke, er hat nicht.

Nach langer Zeit fand ich mein Geschriebenes und stellte fest: Es ist vielleicht nicht profihaft, aber der Grundgedanke, Schlager mit neuen Texten für die Werbung zu nutzen, ist heute längst gängige Praxis. Das wirft bei mir die Frage auf, ob ich meiner Zeit wohl voraus war.

Unsere Außendienstarbeit wurde dokumentiert durch tägliche, wöchentliche und monatliche Berichte und durch unsere Reisetätigkeit, außerdem auch noch durch Spesenabrechnungen. Ich blieb in diesem Beruf bis zur Geburt meines ersten Kindes. So im nachhinein erinnere ich mich noch an Firmentreffen und die damals einmalige und sensationelle Valantagung im Saargebiet.

Als die Wiedereingliederung des Saargebietes an die Bundesrepublik Deutschland vollzogen war, mußte von den dortigen marktführenden Firmen diese kleine, sehr effizient arbeitende, saarländische Fabrik kaputtgemacht werden. Das ist ihnen geglückt.

Persönlich erinnere ich mich gerne an diese Zeit, denn dort wurde der Grundstein für viele meiner späteren Tätigkeiten gelegt. Dafür bin ich heute noch dankbar.

Marlies Böhm

Da Schòòlmääschda

Fòffzisch Kenna en da Klass
òn ään Schdock.
Dòò hòtt jeedaääna gewòscht,
wo da Haas häalääft.
Ma wòr sei aijena Häa.
Ma eß aach iwwa de Kenna
noch gutt Häa genn.
Dat, wat ma se geleat hòtt,
hòtt sich nòh de Feiadah gericht,
nòh de Häälijen, nòhm Wedda
òn nòh da Aawet.
Wenn gerechent genn eß,
eß et gang òm Kròmban, Aaia,
òn wie vill Melch da Baua
vaan zwelf Ke-ih en drei Daah kre-it.
En da Schòòl wòr ma
tatsächlich noch da Määschda.
Dat hann aach die Alden eschdame-iat.
Die hann uusaäänem nett renngeschwätzt
òn gäa alles bessa gewòscht.
Gleich hennam Paschdoa
òn em Dòkda eß ma kòmm.
Fòffzisch Kenna en da Klass
òn ään Schdock.
Dòò hòtt jeedaääna gewòscht,
wo da Haas häalääft!

Josef Gillet

Stoßgebet

Wenn mir uff usem Schoolawääsch
morins uss da Hillengass russkumm sinn,
donn sinn mir änn da Marktstrooß
oon Bäschen Kreiz vorbeikumm.
Do honn mir Buwen imma de Kapp abgedoon.
»Gelobt sei Jesus Christus!«
hat jeder von uus still gesaat.
Datt woor en kurz Stoßgebet.
Doch de Määdscha
honn donn imma uffgepasst,
daß jo kään Buw sinn Kapp
nitt abgedoon hett.
Awwa datt iss nitt vorkumm.

Ich konn mich nitt erinner,
datt iss gottseidonk nitt vorkumm.
All Buwen honn om Kreiz
imma de Kapp abgedoon.
Awwa haut duut kään Buw meh de Kapp ab.
Et Kreiz iss längscht 'nimme doo.
Et woor enn alt Berschmonnskreiz!

(moselfränkisch)

Rosemarie Hoffmann

In einem kleinen Dorf
geboren und aufgewachsen,
gab es nur ein Bedürfnis,
das wie ein Stachel
im Fleisch saß –
aus der Enge
herauszukommen.
Frei atmen zu können,
ohne den strafenden Blick
der weisen Alten, wurde
zu einem kaum erfüllbaren
Wunsch.
Mitschüler gab es,
jedoch keine Freunde,
denen man
vertrauen konnte.

Rosemarie Hoffmann

Wir zählten zum Erbe
einer verunglückten Generation.
Den Schmerz, den Zorn und
die Verwirrung gebe ich in
meinen Texten wider.
Der Krieg hinterließ
soviel Schutt und
Verunsicherung, daß man
keinen anderen Anspruch
an die Zeit stellt
als zu leben.
Gerade aus dem
Backfischalter
herausgewachsen
hatte man nur ein
Bestreben –
genug Geld verdienen
um sich eine eigene
Existenz zu schaffen.

Lars Larsen

»Ge Naacht«

Spannung hing in jeder Ecke des Setzmaschinensaales. Die Maschinensetzer standen neben ihren Maschinen und warteten auf neue Manuskripte aus der Redaktion. Sie kannten sich seit Jahren, waren Tag für Tag zwölf Stunden zusammen. Zwei von ihnen trugen im Krieg Offiziersuniform, drei waren bei der SS, andere bei der Infanterie und Luftwaffe, einer war Panzerkommandant gewesen, ein anderer hatte als Torpedomaat in einem U-Boot versucht, dem Feind einen vor den Bug zu knallen. Zwei waren aus der Emigration heimgekommen, in die sie nach der Volksabstimmung 1935 wegen ihrer Ablehnung der Hitler-Diktatur und aus Angst vor seinen Schergen gegangen waren. Allesamt waren froh, daß sie den Krieg mehr oder weniger unbeschadet überstanden hatten. Alle wollten vor allem Frieden und vernünftige wirtschaftliche Verhältnisse für sich und ihre Familien.

Den Willi hatte es am schlimmsten erwischt. Der war immer noch voller Granatsplitter und konnte nur mit Mühe seinen rechten Arm heben und seine Arbeit verrichten. Er hatte nur noch einen Lungenflügel und das Lid über seinem linken Auge hing stets halb herab. Er riß den Mund am weitesten auf, wenn es um die Frage ging: »Hemm ins Reich« oder »Saar-Statut«? Er war der fanatischste »Heim-ins-Reich«-Befürworter und auch Mitglied in einer der Heimatbundparteien, die erst drei Monate vor der Volksabstimmung die Möglichkeit erhielten, ihre Politik für den Anschluß an die Bundesrepublik Deutschland und gegen das zwar demokratische, aber durch polizeistaatliche und stark autoritäre Kräfte geprägte Regime Hoffmann zu propagieren.

Aus der Bundesrepublik grüßte dagegen seit einigen Jahren das vielgepriesene und verlockende Wirtschaftswunder die in eine Wirtschaftsunion mit Frankreich gepreßten Saarländer, und löste ständig hitzige Diskussionen über das Für und Wider einer Heimkehr ins Reich aus. Aber auch Luxemburg war oft als Vorbild im Gespräch.

Die Maschinensetzer, die auf Manuskripte warteten, um sie in Bleizeilen umzuwandeln, waren immer nahe dran am politischen Geschehen. Sie gossen jeden Tag die neuesten Berichte über das Saar-Statut in Blei. Sie waren am Drücker. Sie wußten Bescheid. Jeder von ihnen kannte das europäische Saar-Statut; entsprechend ihren Erlebnissen und der unsicheren Zukunft waren ihre Diskussionen darüber. Im Statut hieß es:

Interne politische Autonomie für das Saarland.

Europäischer Kommissar, der weder Deutscher, Franzose noch Saarländer sein darf, der das Saarland in außenpolitischen und Verteidigungsfragen vertritt.

Die politischen Parteien des Saarlandes bedürfen keiner Zulassung mehr, müssen sich aber an das europäische Statut halten.

Verbot jeder ausländischen Einmischung in innersaarländische Angelegenheiten.

Grundsätzliche Beibehaltung der französisch-saarländischen Wirtschaftsunion.

Fortschreitende Erweiterung der wirtschaftlichen Beziehungen zwischen dem Saarland und der Bundesrepublik Deutschland.

Schutz der saarländischen Industrie.

Volle Verantwortung des Saarlandes für die Gruben.

Saarbrücken wird Sitz der Montanunion.

Endgültige Entscheidung durch Volksbefragung.

Hugo, dem nicht aus dem Kopf ging, daß sein Kompaniechef auf dem Vormarsch in Rußland ein Kleinkind, das er in einer Kate fand, mit dem Kopf an die Wand geschlagen hatte, und der in jeder Schicht 60 Pilot rauchte, bekam das erste Manuskript.

»Hört!« rief er den anderen zu: »Da sagt doch dieser komische Kauz Dr. Helwig von der CDU im Reich vor dem Bundestag unter anderem: *Sogar eine der ersten politischen Oppositionsgruppen an der Saar, die Demokratische Partei Saar, die DPS, hat schon 1951 in ihrem Programm eine europäische Interimsregelung der Saarfrage bis zum Friedensvertrag verlangt.«*

»Wenn ich das do nur schun heere! Daran erinnert sich der Heini Schneider doch heute nicht mehr«, grinste Arno, der in einem Flüchtlingslager bei Pau in den Pyrenäen ein elendes Dasein als Emigrant geführt hatte, weil er als Sozialdemokrat aus Angst vor der »Nacht der langen Messer«, die kurz vor dem Anschluß am 1. März 1935 stattfinden sollte, nach Forbach geflohen war. Niemand wußte damals, daß Hitler persönlich die »Nacht der langen Messer« abgeblasen hatte, um nicht beim Ausland anzuecken.

»Hör doch auf mit dem Schneider Heini«, rief Emil von seiner Maschine herüber, »der Scharfmacher und Nationalist hat doch schon vor der Saar-Abstimmung 1935 am lautesten ›Nix wie hemm ins Reich‹ gekräscht.«

»Der war damals doch schon der größte Schreihals gegen den Status quo. Domals hat der Scharfmacher schun beim Hitler im Saarreferat in Berlin gesitzt. Der Kerl, der kritt die Schnauze nie voll vun Deutschlond, so wie ich se voll kritt honn«, knurrte Franz, der Panzerkommandant.

»Jetzt mach aber mal halblang«, zischte Werner, der bei der SS war und sich sonst kaum an Diskussionen beteiligte, der sich nur einmischte, wenn es darum ging, die SS in Schutz zu nehmen und ihre Schandtaten zu verniedlichen oder abzuleugnen. Er fügte aufgeregt hinzu: »Schließlich sind wir doch Deutsche und gehören in unser Vaterland.«

»Hoho«, mischte sich Benedikt ein, der als Katholik wegen Hitler in die Emigration gegangen und erst vor ein paar Monaten aus Brasilien heimgekehrt war, wo er in einer christlichen Druckerei gearbeitet hatte, die Schmähschriften gegen Hitler druckte. Er fauchte Werner an und seine Stimme überschlug sich dabei: »Weißt du überhaupt, mein Lieber, was das ist, ein Deutscher? Seit wann gibt es denn den Begriff ›Deutscher‹?« Er ging auf Werner zu und schrie ihn an: »Hör mir auf mit den Deutschen? Sie sind schuld an all dem Elend, das jetzt in der Welt herrscht? Neben der katholischen Kirche – und das sage ich hier als gläubiger Katholik –, die mindestens 50 Millionen Menschen auf dem Gewissen hat, stehen die Deutschen an erster Stelle im Morden. Seit dem Westfälischen Frieden 1648 – ist dir das ein Begriff? – hat Deutschland alle Kriege angefangen außer denen in der Zeit Napoleons. Du brauchst den Kopf nicht zu schütteln, es war so. Das fing schon bei den Kimbern und Teutonen an, wenn man die überhaupt als Deutsche bezeichnen kann.«

»Halt's Maul«, rief der Manuskriptverteiler, »hier ist Arbeit. Komm, Rudi, hier hast du einen Artikel.«

»Der Adenauer sagt«, rief Rudi und zeigte auf das Manuskript, »wir sollten übermorgen für das Saar-Statut stimmen und nicht für den Anschluß ans Reich. Hört, was der Alte gesagt hat: *Das Saarstatut ist in den Rahmen der Westeuropäischen Union gestellt. Der Rat der WEU ernennt einen Saar-Kommissar, der ihm gegenüber verantwortlich ist. Der Kommissar hat die Innehaltung des Statuts zu überwachen.*«

»Scheiße«, knurrte Karl, »mir stinkt das alles. Was habe ich denn davon gehabt, daß ich ein Deutscher bin? Zuerst als Halbstarker dem Österreicher zugejubelt, dann mußte ich andere Leute erschießen, die mir nichts getan haben, dann sechs Jahre russische Gefangenschaft in Not und Elend. Das hat mir mein Deutschsein eingebracht. Mich sollen alle Deutschen am Arsch lecken. Ich bin Saarländer und das will ich auch bleiben. Ich wähle Status quo. Dann bin ich und bleibe ich Saarländer. Dann habe ich nicht umsonst mit meinem Vater 1934 die Plakate geklebt: ›Wir halten die Saar, komme, was da wolle!‹ Dann habe ich '33 bei der ersten SPD-Kundgebung in Neunkirchen nicht umsonst geschworen: ›Saardeutscher schwöre! Saarvolk höre! Nie Hitlerknechtschaft und braune Saar! Frei, ja, ewig frei bleibt die deutsche Saar.‹«

»Unn fia was bischt dä donn nit emigriert?« wollte der 65jährige Nickel wissen, der von Politik nichts wissen wollte, für den es nichts Wichtigeres gab, als eine starke Gewerkschaft.

»Ei, es hat doch niemand geglaubt, daß der Nazi wirklich Ernst macht mit dem Krieg«, erwiderte Karl.

»Hier! Ein Leserbrief«, rief der Manuskriptverteiler, »wer will ihn?«

Gustav streckte die Hand aus und überflog ihn kurz, bevor er sagte: »Der kommt aus der Eichendorffstraße in Scheid. *Ich habe es erlebt, daß so ein Schreier – er ist kein Saarländer, aber ein guter Propagandafunktionär für den Anschluß – wiederholt geschrieben hat: Man muß den Ja-Sagern die Köpfe einschlagen.*«

»Das ist noch gar nichts«, rief Norbert, der auch drei Jahre russische Gefangenschaft in Workuta hinter sich hatte. Auch er hatte mittlerweile ein Manuskript erhalten. Er rief: »Hier schreibt eine Hausfrau unter anderem über die Heimatbundparteien: *Heimatklänge? Für mich brauchen keine Märsche gespielt zu werden. Für mich bedeuten sie nichts Lebensnotwendiges. Nach ihnen mußten Millionen ihr Leben lassen, auch dann noch, als die Übermenschen schon lange wußten, daß alles verloren war. Ihr, die ihr unbedingt Marschmusik, Hetzpropaganda, Aufwiegelei, Pöstchenjägerei und Kommandotöne braucht, warum geht ihr nicht hinüber?* – Recht hat sie«, fügte Norbert hinzu und steckte sich eine Imperial an. »Ich frage mich das auch. Es kann doch jeder hinübergehen in sein geliebtes Vaterland, wenn es ihm hier an der Saar nicht gefällt. Würden doch nur alle abhauen, dann hätten wir endlich unser Land für uns allein und könnten es wie Luxemburg gestalten! Mit unserer Kohle und den Hütten ständen wir bald genau so gut da wie die Luxemburger.«

»Dann würde der Franzmann die Saar schneller kassieren, als ihr euch vorstellen könnt. Da, guckt da hinüber«, rief Philipp. Seine Hand wies auf das »Schmale Handtuch«, den Sitz des Hohen Kommissars Grandval. Und er fügte hinzu: »Sieh'n na, ihr trauriche Brieda: Dä Granval, der luut schun widda aus sei'm Finschda, ob mir aach kä Artikel geje Fronkreich setze dun.«

Alle lachten. Danach hob Emil den nächsten Leserbrief hoch und sagte: »Die Überschrift von diesem da heißt: *Denn heute hört uns Deutschland.* Kennt ihr noch den Text von diesem Nazilied, das sie gesungen haben: ›Denn heute gehört uns Deutschland und morgen die ganze Welt?‹ Also, da steht: *Ja, Sie lesen rich-*

tig. *Dieses Lied ist wieder aus der Versenkung aufgetaucht, es wurde vor drei Tagen in Beckingen gesungen.«*

Er trank einen Schluck Vichy-Wasser, bevor er weiterlas: »*Aber dieses Lied war keine Einzelerscheinung. Ich habe gehört:* ›*Und in sechs Wochen schlagen wir Frankreich kaputt!*‹ *und in der Wartburg wurde zu Beginn einer Großkundgebung das alte Kampflied gesungen.* ›*Haltet aus im Sturmgebraus*‹ *und es haben tatsächlich Menschen mitgesungen. Ich habe auch Beifall gehört, als ein Redner das Lied* ›*Siegreich wollen wir Frankreich schlagen*‹ *nur erwähnte. Ich könnte noch weitere Beispiele erwähnen und in allen Fällen hat kein Führer der Nein-Parteien seine Leute zur Ordnung gerufen.*‹ Und dieser M.T. aus Beckingen schreibt zum Schluß: *Diese Lieder und Schlagworte müßten uns allen die Augen öffnen, daß es gar nicht darum geht, ob das Saar-Statut gut ist, ob es ein Weg zum Frieden ist. Es geht darum, daß die Volksseele kocht und schreit. Es geht darum, daß Nationalisten an die Macht kommen.*«

Norbert holte tief Luft und fuhr fort: »Und ich sage euch, das ist auch meine Meinung. Wenn alle, die jetzt am lautesten schreien, hier einen guten Posten bekommen würden, dann würden sie ihre Schnauze halten. Viele von denen sind doch nur Postenjäger. Heimat und Vaterland? Das ist doch für viele nur ein Vorwand, um an einen guten Posten zu kommen.«

Karl-Otto, der bei Rommel in Nordafrika gekämpft hatte und in amerikanischer Gefangenschaft Englisch und Französisch gelernt hatte, pflichtete Norbert mit dem Einwand bei: »Im Saar-Statut steht, und das ist sehr wichtig: *Drei Monate nach der Volksabstimmung über das Statut wird ein neuer Landtag gewählt.*«

Er stellte sich auf das Trittbrett hinter seiner Maschine, um eine Störung an der Spindel zu beseitigen, während er in den Saal rief: »Wenn übermorgen das Saarvolk für das Saar-Statut stimmt, dann haben die Super-Deutschen, die jetzt nicht schnell genug heim ins Reich kommen, also die Heimatbundparteien die Möglichkeit, den Joho abzuwählen und in dem neugewählten Landtag ihre deutschen Interessen im Rahmen des Saar-Status zu verwirklichen. Dann wären sie echte Saarländer, die ihr Land und seine Menschen nicht noch einmal Deutschland ausliefern würden.«

»Hoho! Miesmacher! Separatist! Saar-Franzos!« schallte es nun von verschiedenen Seiten in den Saal, »du glaubst doch nicht, daß die Franzosen den Joho gehen lassen, wenn er diese Landtagswahl verliert? Die stützen ihn doch weiterhin, weil sie ihn brauchen.«

»Das glaube ich nicht. So schätze ich den Joho nicht ein. Der ist in erster Linie Saarländer. Der würde zurücktreten. Der hängt nicht an seinem Posten. Ihr wißt alle: Ich bin keiner seiner Anhänger. Dafür ist der mir viel zu katholisch. Aber soviel Fairneß traue ich ihm zu, daß er dann zurücktreten würde. Außerdem ist es meiner Ansicht nach sowieso eine ganz große Sauerei, daß man so über diesen Mann herfällt, und hier muß ich wieder den Nationalisten Heini Schneider erwähnen. Ich frage euch: Hat der Heini Schneider gegen Hitler gekämpft? Nein, das hat er nicht. Aber der Joho hat gegen ihn gekämpft und mußte deswegen emigrieren, wenn er nicht in einem KZ landen wollte. Der Scharfmacher-Heini hat schon 1934 die Saarländer mit heim ins Reich getrieben, während der Joho die Saarländische Volkspartei gegründet und mit ihr gegen Hitler und den Anschluß ans Reich gewettert hat. Deshalb mußte der Joho ja auch in die Emigration nach Brasilien gehen. Jawoll. Das muß einmal gesagt werden. Gut, ich weiß, der Hitler hat den Heini 1937 aus der NSDAP ausgeschlossen, aber nicht, weil er gegen ihn gekämpft hat wie der Joho, sondern aus einem anderen Grund. Und außerdem ist der Joho kein Lakai vom Grandval und von Frankreich. Hätten wir den Joho nicht gehabt, hätte Frankreich seine Vorstellungen wahrgemacht und wir wären direkt nach dem Krieg das Saardepartement Sarre geworden. Der Joho hat Einspruch dagegen erhoben und dafür gesorgt, daß die Franzosen mit dieser Forderung bei den anderen Alliierten auf Widerstand gestoßen sind. Wäre der Joho nicht gewesen, dann wären wir schon längst richtige Saar-Franzosen, so wie uns unsere guten Bundesdeutschen Brüder ja immer noch titulieren und in vierzig oder fünfzig Jahren immer noch titulieren werden.«

»Arbeit, Kollegen, Arbeit, steckt drauf! Es brennt! Der Andruck ist gefährdet!« rief der Manuskriptverteiler und drückte jedem einen längeren Bericht in die Hand.

Ende der Diskussion. Nur das Fallen der Matrizen in den Sammler, der metallische Klang beim Drehen der Exzenter, das rumpelnde Beifahren der Bleikessel ans Gießrad und ihr Abreißen nach dem Guß waren zu hören. Finger huschten blitzschnell über Tastaturen und rechte Hände schickten eilig Zeile für Zeile weg. Der Andruck durfte nicht gefährdet werden. Hinter den Maschinen ging Peter Scholl-Latour vorbei.

Einer nach dem anderen schob die fertigen Bleispalten auf ein Schiff. Der Abzieher färbte die Spalten ein, legte eine Papierfahne darauf und rollte die Walze der »Nudel« darüber. Das ging alles im Eiltempo.

Inzwischen sagte Klaus zu Bernhard: »Im Krieg wurden wir zweimal nach Deutschland evakuiert. Mir reicht das vollkommen. In Thüringen nannte man uns bei der Evakuierung ›Saar-Franzosen‹ und wollte uns nicht haben, im Schwabenland und in Bayern war es nicht anders. Ein drittes Mal Deutschland ist mir einmal zuviel. Ich habe mir das Saar-Statut zwanzigmal durchgelesen, und wenn ich daran denke, was ich eben gesetzt habe, daß Adenauer eine ganze Nacht und einen Vormittag mit Mendez-France, dem französischen Ministerpräsidenten in einer dramatischen Sitzung um das Statut gerungen hat, daß dieser sogar sein Kabinett einberufen hat, um es über den letzten Stand zu informieren, dann kann ich nicht glauben, daß Adenauer etwas Schlechtes ausgehandelt hat. Der Alte und seine ganze Regierung sind nicht scharf auf unsere baldige Rückkehr ins Reich und der alte Fuchs weiß, was er will.«

Rudi trat zu ihnen. Er hatte den Kommentar des Extrablattes vom 22. Oktober 1955 in der Hand, das er in Kursiv gesetzt hatte. Er sagte:»Hier steht im zweiten Absatz: *Das Saarland und mit ihm alle guten Europäer können aufatmen. Deutschland und Frankreich haben durch einen versöhnlichen Händedruck das Saarproblem aus der Welt geschafft. Seit Samstagnachmit-*

tag hat man die Gewißheit, daß die Saarfrage nicht länger mehr ein Hindernis für die Einigung Europas darstellt, sondern im Gegenteil zum stärksten Kitt zwischen Frankreich und Deutschland und damit für Europa werden wird. Die Brücke über die Saar ist nunmehr endgültig geschlagen und so ist das wesentlichste Ziel der bisherigen saarländischen Politik erreicht.«

Rudi hatte sehr schnell vorgelesen und holte tief Luft, bevor er weiter unten weiterlas: »*Es wäre jedoch undankbar, würde man dabei die jahrelangen Bemühungen der saarländischen Regierung vergessen, die es allen Widerständen zum Trotz niemals unterließ, die saarländischen Interessen zu verteidigen und für das Zustandekommen einer europäischen Lösung zu sorgen.*«

»Feierowend, ihr Schwadudler«, rief der Manuskriptverteiler den Dreien zu, »machen das na hemm komme, die onnere sinn schun allegar ähna trinke.«

In der Mettage blieben die drei vor der fertig umbrochenen Seite der Nummer 246 stehen. Fünfspaltig prangte auf ihr die 6-Cicero-Überschrift: *Deutsche Politiker sagen ja zum Saar-Statut.* Darunter groß das Bild Adenauers.

Bernhard zeigte auf ein anderes Klischee und las vor: »*Abgeordneter Dr. Friedensburg, Berlin: Hätten wir nur für die Ostgebiete ein solches Statut.*«

Der Chefmetteur kam zu ihnen und zeigte auf das Bild des Abgeordneten Pfleiderer von der FDP. Er sagte: »Der do, das iss ä Parteikumpel vum Heini Schneider aus ähm Reich. Awwer der denkt gonz onnaschda.« Danach las er die Überschrift vor: »*Die Ausschließlichkeit Frankreichs wird abgelöst*« und dann auf das Bild des Außenministers Dr. von Brentano zeigend, las er: »*Wir haben Vertrauen in das Abkommen.*«

»Dänne do Artikel honn ich gesetzt«, sagte Klaus und zeigte auf die Überschrift neben dem Bild des Staatssekretärs Dr. Lenz, die hieß: *Bessere Lösung unmöglich.*

»Warte ma's ab«, rief der klään Lui ihnen zu. »Iwwamorjeowend wisse ma wie's ausgong ist. Ich bin fia die Luxeburja Lösung. Die wär die beschd fia uns. Ge Naacht.«

»Ge Naacht.«

Erika Dietrich

Geführt

I

Bereits seit mehreren Minuten dreht Riki den Sender-Wahlknopf des eingeschalteten Radioapparates bis zum Anschlag hin und her; ihre Augen verfolgen den Skalenzeiger: »Überall wird nur gesprochen, Papa, nirgendwo ist Musik zu finden«, beklagt sich jetzt die Zehnjährige, beherzigt aber den Rat des Vaters und sucht nun langsam noch einmal die Skala ab. Da – Musik! Riki hält inne und überläßt sich der wundervollen Melodie aus dem Lautsprecher. Dabei gleitet ihr Blick über die hellgrünen, leuchtenden Buchstaben, die den gewählten Sender auf der Skala kennzeichnen, und halblaut liest sie den Namen »Saarbrücken«.

»Papa, wo liegt Saarbrücken?«

»Hinter dem Rhein, an der französischen Grenze«, gibt der Vater bereitwillig Auskunft.

»Die Musik wird leiser, schwindet! Warum?«

»Das verschulden die hohen Berge hier im Riesengebirge und die weite Entfernung; soll ich dir Saarbrücken auf der Landkarte zeigen?«

»Ach, dorthin komme ich sowieso nie«, wehrt Riki verdrossen ab und schaltet das Radio aus.

Nach dem Zweiten Weltkrieg wird Riki mit ihren Eltern aus ihrer geliebten Heimat vertrieben und in die sowjetische Besatzungssone Deutschlands deportiert.

II

Morgensonnenstrahlen stehlen sich durch das zarte Grün der hohen Erlen hinter der Villa »Mon Choix« und finden ihren Weg durch blanke Fensterscheiben in Rikis Schlafzimmer. Langsam öffnet die junge Frau ihre Augen, scheint sich jedoch nicht gleich zurechtfinden zu können. Erst nach einer Weile nimmt sie die regelmäßigen Atemzüge ihres Mannes neben sich wahr. Dann stellt sie mit einem Blick auf das Kinderbett an der gegenüberliegenden Wand fest, daß auch ihr Baby noch tief schläft. Vorsichtig richtet sie sich auf, schlüpft in ihre Filzpantoffeln und verläßt auf leisen Sohlen den Raum.

Jenseits des Flures der herrschaftlichen Wohnung betritt sie das Wohnzimmer ihrer Großfamilie: »Guten Morgen, Mama! Höre dir bitte meinen Traum von der vergangenen Nacht an!« Und im nächsten Augenblick sitzt Riki mit angezogenen Knien und im Nachthemd auf dem Sofa neben ihrer Mutter und berichtet: »Ich befand mich in einem großen Klassenzimmer, das mir fremd war. An seiner Rückwand hingen an Kleiderrechen die Mäntel und Jacken der Schulkinder. Davor hatte ich mich auf einem Stuhl niedergelassen und hörte dem Unterricht zu. Im Raum standen acht Tische wie in einem Café über Eck; ihre gelben, quadratischen Platten ruhten auf grün gestrichenen Eisenrohrgestellen. An jeder Seite der Tische saß jeweils ein etwa elfjähriges Mädchen. Vorn stand ein Lehrer, ungefähr vierzig Jahre alt, groß und schlank. Er hatte dunkelblonde Locken, trug eine Brille und einen schwarzen Anzug mit hellem Nadelstreifen. Hin und wieder warf er einen Blick in das aufgeschlagene Buch in seiner linken Hand und erzählte: ›Und der Esel ..., und der Esel ...‹«

»Hör auf! So ein Unsinn«, unterbricht die Mutter jetzt Riki. »Zieh dich lieber an! In einer Viertelstunde müssen wir gehen.«

»Wohin?« fragt Riki und gähnt.

»Zur Demonstration. Hast du vergessen, daß heute ein Staatsfeiertag ist? Beeile dich! Wenn wir als Lehrer, als erklärte Staatsfunktionäre zu spät erscheinen, wird das vermerkt; auf der schwarzen Liste stehen wir ohnehin schon wegen unserer christlichen Gesinnung.«

III

Die Flucht in die Bundesrepublik endet für Riki und ihre Großfamilie im Saarland, dem einzigen Bundesland, das 1958 Lehrer aus der »Zone« sofort einstellt.

In Friedrichsthal/Saar unterrichtet zur Zeit Herr Rimmel, Lehrer der fünften Klasse der Bubenschule, zusätzlich noch die Schülerinnen der fünften Klasse in der benachbarten Mädchenschule. Bei ihm muß Riki zunächst vier Wochen lang hospitieren. Danach soll sie überprüft werden und schließlich die Klasse übernehmen.

Drei Tage vor Weihnachten, zu Beginn der großen Pause, betritt Direktor Helbing das Klassenzimmer: »Herr Kollege Rimmel, aus organisatorischen Gründen bitte ich Sie, Ihre Schülerinnen in den frei gewordenen Schulsaal der neunten Klasse zu führen und den Unterricht in den letzten beiden Stunden dort fortzusetzen. Übrigens –«, wendet der Direktor sich jetzt an Riki, »morgen kommt zu Ihnen die Prüfungskommission.«

»Da muß ich meinen Deutschunterricht heute anders gestalten, Frau Friedrich«, schaltet sich Rimmel ein. »Nicht in einem langwierigen Unterrichtsgespräch, sondern solo werde ich das Lesestück schnellstens zu Ende bringen, damit Sie morgen mit einer Einführungsstunde aufwarten können.«

IV

Während der letzten Stunde im Schulsaal der Neunten, hinten, wo die Jacken und Mäntel der Kinder an Rechen an der Wand hängen, lehnt Riki sich auf ihrem Stuhl zurück an die Kleider. Zugleich erkennt sie die acht Tische mit ihren gelben, quadratischen Platten auf grün gestrichenen Eisenrohrgestellen, die vor ihr im Raum wie in einem Café über Eck stehen, weil man der neunten Klasse die aufgelockerte Sitzordnung zugebilligt hat. An jeder Seite der Tische hat eine Elfjährige aus der Fünften Platz genommen. Und vorn steht Herr Lehrer Rimmel. Er ist vierzig Jahre alt, groß, schlank, hat dunkelblonde Locken, trägt eine Brille und einen schwarzen Anzug mit hellem Nadelstreifen. In seiner linken Hand hält er das aufgeschlagene Lesebuch »Blühende Gärten« und erläutert von den Seiten 52 und 53 das Lesestück »Der störrische Esel und die süße Distel« von Karl Heinrich Waggerl: »Und der Esel ... und der Esel ...«

Nach Schulschluß läuft Riki ihrer Mutter entgegen, die in Altenwald als Lehrerin angestellt ist: »Mama, habe ich dir einmal einen Traum von einem Lehrer und einem Esel erzählt?«

»Ja, ich erinnere mich noch an den Unsinn.«

»Es ist aber kein Unsinn; ich habe heute den Traum hellwach erlebt.«

Irene Rickert

Da Vatta un sein Búú

Et gift Daah, an denen lohnt et sich nit, morjens uffzustehn, awwa dat wääs ma imma erscht, wenn et schunn Oòwend is.

So, wie dòòmòls in Helzweiler! Schunn vor Jòaren hot da Vatta et Haus geäärwt, un seitdem hot er vill Arwet rinngestoch. Allen Nas lang wòar ebbes anares se machen. Ämol wòaren nau Finschtern fällich, dann wòar et Dach nit dicht. 1958 wòar et, dò wòaren nau Kanalrohre draan.

Da Vatta hot sich extra en Daach frei geholl uff da Hitt. Gudd druff, wie määschtens, schmeißt er de Búú in aller Herrgottsfrih aus em Bett raus: »Dat mach ich allään, awwa du muscht ma helfen!«

»Wenn et sinn muß«, gähnt da Búú. Der würd jo gäär noch en bißchen lein bleiwen, awwa da Vatta gift kään Ruh. Wenn der sich nämlich mol ebbes in de Kopp gesetzt hat, is er nimme se bremsen.

Als erschtes muß da Búú em Vatta helfen, die Kanalrohre aus em Hoff hinnerm Haus durch de schmalen Hausgang in de Vorgaaten se traan. Da Vatta zieht, da Búú schiebt. Dann wird im nau aangeleeten Vorgäärtchen en Graawen ausgehoow. Die Zwai schippen sich dusselich. De Sunn scheint Blòòdern un se griin en ordentlichen Brand.

En paar vorwitzich Nòòbaschkinna kummen aangelaaf un wunnern sich iwwa den scheenen Sandhaufen.

»Dò kannen ma gudd runna rutschen!« Dann balancieren se uff den Rohren rum, bis da Vatta se fortjäät.

Et is spät ginn, die Sunn steht schrääch. Wie zwai Profis verleen da Vatta un da Búú die Rohre. Dann buddeln se alles nochmol zu un treten de Bodden platt. Miid geschafft, awwa greilich stolz sinn se uff ihr Werk. Grad wollen se in et Haus gehen, dò luut da Vatta uff ämol so komisch.

»Wääscht du, wo da Meter is?« fròòt er de Búú. Da Meter, mit dem er die Rohre abgemesset hot, is nimme dò. »Du muscht de Meter suchen«, schrait er mit em Búú. »Den hascht du garantiert verschruddelt.« Die Nòòbasch, die wo imma gegeniwwa am Finschta sitzt, heert den Palaver. Sie riift aus em Finschta, sie hätt gesinn, daß die Kinna mit em Meter gespillt hätten.

»Die hann de Meter hunnatprozentich in et Rohr gestoch!«

»Et darf nit wòar sinn!« Da Vatta rauft sich die paar Hòar, die er noch hat.

»Wenn da Meter im Rohr sticht, dann wird er mit da Zeit et ganz Rohr verstoppen. Uus ganz Arwet wär for die Katz geween. For watt hascht du nit uffgepasst?« gift er jetzt em Búú uff die Ohren. »Jetzt missen ma alles nochmol ausbuddeln. Hall druff!«

Se hallen druff, die zwai. Oòwends spät hann se et Rohr nochmol draußen, un in seinem Innern sticht doch tatsächlich dat bescht Stick – da Meter.

»Kumm, ma traan et Rohr nochmol in de Hoff«, saat da Vatta wiedich. »Morjen frih im Hellen schaffen ma weider.«

For haut hat er de Nas voll. Er is miid un er hat de Flemm. Dann heewt er et Rohr voor an, da Búú hinnen. Zusammen traan se et durch den langen Hausgang zur hinnersch Diir. Da Vatta zieht, da Búú schiebt – drikkt und stupst de Vatta en bißchen, um den noch meh se ärjern. Er find die ganz Sach noch spassich un kinnt sich kaputtlachen, er traut sich nur nit. An da hinnersch Diir stupst er de Vatta en klän bißchen zuvill. Da Vatta schrait: »Et langt aweil, heer uff mit dem Quatsch!«

Zu spät. Er gridd et Iwwagewicht un fällt hinnaricks in de Hoff. Zu allem Unglick fällt dat Ärjernis von Kanalrohr uff ihn. Da Búú haut ab, wat gufscht de, wat hascht de, doch da Vatta bleiwt lein. Er will haut nimme uffstehn.

Jetzt wääs er, daß et Daah gift, an denen et sich nit lohnt uffzustehn.

Marlies Böhm

Riesin

Aus einem kleinen Dorf
hat sie
eine Stadt gemacht
und hält noch immer
alle Fäden
fest in der Hand.
Ihr Brüllen bestimmt
die Tagesabläufe,
beeinflußt die Verkehrsströme,
gestaltet die Speisepläne.
Allgegenwärtig,
nie verstummend
ihr dumpfes Murmeln,
ihr schrilles Stöhnen.
Weiß und rostfarben
wird ihr schwefliger Atem
vom Wind mitgenommen.
Schlanke Finger
reckt sie
rauchend
zum Himmel.
Aus hohlen Händen
fließt
rote Glut.
Ihr staubiges Gähnen
zerrinnt
als graue Träne
an regennassen Fensterscheiben.

Schwitzende Männer
schaffen:
Frühschicht,
Mittagschicht,
Nachtschicht.
Das Gebrüll der Riesin
ruft
zur Arbeit!

Marlies Böhm

Schichtwechsel

Fabriksirenengeheul.
Werkstore
lassen
Menschenmassen frei,
drängelnd
hastend,
eilend.
Bustüren schließen sich
quietschend.
In den Kneipen
steht das
gezapfte Bier
bereit.
Autos kriechen
dem Stadtrand zu.
Nach einer Weile:
Blaulicht,
Martinshorn.
Irgend jemandes Eile
fand ein Ende.
Ein ganz alltäglicher
Schichtwechsel.

Amtsblatt
der Verwaltungskommission des Saarlandes

Nr. 49	Ausgegeben zu Saarbrücken am 21. Oktober	1946

INHALT:

	Seite
Verordnung Nr. 68 des Herrn Commandant en Chef Français en Allemagne über die Errichtung einer einstweiligen Verwaltungskommission für die Saar. Vom 8. Oktober 1946.	205
Verfügung des Herrn Gouverneur de la Sarre über die Ernennung der Direktoren, Mitglieder der einstweiligen Verwaltungskommission der Saar, und des Generalsekretärs der Kommission. Vom 8. Oktober 1946	206
Verordnung über Vermögenssteuer und Einheitsbewertung. Vom 5. August 1946	206
Sonstige Bekanntmachungen der Verwaltungskommission der Saar und des Regierungspräsidiums Saar	207
Bekanntmachungen anderer Behörden	208
Sonstige Bekanntmachungen	210

---

208   **Ordonnance No 68**
du Commandant en Chef Français en Allemagne
portant création d'une Commission Provisoire d'Administration du Territoire de la Sarre.
Du 8 Octobre 1946.

Le Commandant en Chef Français en Allemagne,
VU le décret du 15 Juin 1945 portant organisation du Commandement en Chef Français en Allemagne, modifié par celui du 18 Octobre 1945,
VU la décision No 8 du Commandant en Chef Français en Allemagne du 18 Juillet 1946,
sur proposition de l'Administrateur Général Adjoint pour le Gouvernement Militaire de la Zone Française d'Occupation,
le Comité Juridique entendu,
ordonne:

Article 1
A dater de la publication de la présente Ordonnance, l'Administration du Territoire de la Sarre est assurée par une Commission Provisoire composée de 7 membres.

Article 2
Les affaires relevant de la compétence de la Commission sont réparties entre les 7 directions suivantes:
Justice
Intérieur
Finances
Economie, Travaux Publics, Reconstruction
Agriculture, Ravitaillement
Travail, Assurances Sociales, Prévoyance Sociale
Education Publique, Jeunesse et Sports, Cultes.
Chaque direction a à sa tête l'un des membres de la Commission qui porte le titre de Directeur.

Article 3
La Commission Provisoire se réunit au moins 2 fois par semaine. Elle statue sur toutes les questions d'intérêt général, sur les affaires intéressant plusieurs directions, ou sur celles qu'elle estime évoquer.

Article 4
Un Secrétaire Général choisi dans le Corps des hauts fonctionnaires de l'Administration, assure sous l'autorité de la Commission, la coordination entre les différentes directions.
Il assiste aux réunions de la Commission sans voix délibérative.

208   **Verordnung Nr. 68**
des Commandant en Chef Français en Allemagne
über die Errichtung einer einstweiligen Verwaltungskommission für die Saar.
Vom 8. Oktober 1946.

Der Commandant en Chef Français en Allemagne erläßt unter Bezugnahme auf
Dekret vom 15. Juni 1945 über die Errichtung eines Commandement en Chef Français en Allemagne, abgeändert durch Dekret vom 18. Oktober 1945.
Anordnung Nr. 8 vom 18. Juli 1946 des Commandant en Chef Français en Allemagne,
folgende Verordnung:

Artikel 1
Vom Tage der Veröffentlichung dieser Verordnung an wird die einstweilige Verwaltung der Saar einer aus 7 Mitgliedern bestehenden Verwaltungskommission übertragen.

Artikel 2
Die Geschäfte, die zur Zuständigkeit der Verwaltungskommission gehören, werden unter die nachstehend aufgeführten 7 Direktionen verteilt:
Justiz
Inneres
Finanzen
Wirtschaft — Oeffentliche Arbeiten — Wiederaufbau
Landwirtschaft — Ernährung
Arbeit — Sozialversicherung — Soziale Fürsorge
Unterricht und Kultus — Jugend und Sport.
An der Spitze einer jeden Direktion steht eines der Mitglieder der Kommission mit dem Titel eines Direktors.

Artikel 3
Die Verwaltungskommission tritt mindestens zweimal in der Woche zusammen. Sie entscheidet über alle Fragen von allgemeinem Interesse, über die Angelegenheiten, die den Geschäftsbereich mehrerer Direktionen berühren, schließlich über diejenigen, welche sie ihrer Entscheidung unterstellt.

Artikel 4
Ein Generalsekretär, entnommen aus den Reihen der höheren Verwaltungsbeamten, hat die Aufgabe, die Zusammenarbeit der einzelnen Direktionen sicherzustellen. Er ist der Verwaltungskommission unmittelbar unterstellt.
Er nimmt an den Sitzungen der Verwaltungskommission ohne Stimmrecht teil.

(Archiv des Saarländischen Landtages)

Bulletin Officiel de la Sarre

(Le texte allemand seul fait foi en ce qui concerne les textes émanant des autorités sarroises.)

Amtsblatt des Saarlandes

(Hinsichtlich der Texte der saarländischen Behörden ist allein der deutsche Text amtlich.)

| Sarrebruck, le 17 Décembre | № 67 – 1947 | Saarbrücken, den 17. Dezember |

Sommaire

Pages

Constitution Sarroise. Du 15 Décembre 1947. 1077

Inhalt

Seite

Verfassung des Saarlandes. Vom 15. Dezember 1947. . 1077

Verfassung des Saarlandes	Constitution Sarroise.
Vom 15. Dezember 1947.	Du 15 Décembre 1947.

Die Gesetzgebende Versammlung des Saarlandes hat in ihren Sitzungen vom 8. November und vom 15. Dezember 1947 folgende Verfassung beschlossen, die hiermit verkündet wird:

L'Assemblée Législative Sarroise a adopté dans ses séances du 8 Novembre et du 15 Décembre 1947, la Constitution suivante qui est promulguée par la présente:

Präambel.

Das Volk an der Saar,

berufen, nach dem Zusammenbruch des Deutschen Reiches sein Gemeinschaftsleben kulturell, politisch, wirtschaftlich und sozial neu zu gestalten,

durchdrungen von der Erkenntnis, daß sein Bestand und seine Entwicklung durch die organische Einordnung des Saarlandes in den Wirtschaftsbereich der französischen Republik gesichert werden können,

vertrauend auf ein internationales Statut, das die Grundlage für sein Eigenleben und seinen Wiederaufstieg festlegen wird,

gründet seine Zukunft auf den wirtschaftlichen Anschluß des Saarlandes an die französische Republik und die Währungs- und Zolleinheit mit ihr, die einschließen:

die politische Unabhängigkeit des Saarlandes vom Deutschen Reich,

die Landesverteidigung und die Vertretung der saarländischen Interessen im Ausland durch die französische Republik,

die Anwendung der französischen Zoll- und Währungsgesetze im Saarland,

die Bestellung eines Vertreters der Regierung der französischen Republik mit Verordnungsrecht zur Sicherstellung der Zoll- und Währungseinheit und einer Aufsichtsbefugnis, um die Beobachtung des Statuts zu garantieren,

eine Organisation des Justizwesens, die die Einheitlichkeit der Rechtsprechung im Rahmen des Statuts gewährleistet.

Der Landtag des Saarlandes, vom Volke frei gewählt, hat daher,

um diesem Willen verpflichtenden Ausdruck zu verleihen und — nach Ueberwindung eines Systems, das die menschliche Persönlichkeit entwürdigte und versklavte —, Freiheit, Menschlichkeit, Recht und Moral als Grundlagen des neuen Staates zu verankern, dessen Sendung es ist, Brücke zur Verständigung der Völker zu bilden und in Ehrfurcht vor Gott dem Frieden der Welt zu dienen.

Préambule.

Le Peuple Sarrois,

appelé après l'effondrement du Reich Allemand, à rénover les principes de sa vie culturelle, politique, économique et sociale,

pénétré de la conviction que son existence et son développement peuvent être assurés par l'intégration organique de la Sarre dans la sphère économique de la République Française,

confiant en un statut international qui fixera la base obligatoire garantissant sa vie propre et son relèvement, fonde

son avenir sur le Rattachement Economique et sur l'Union Monétaire et Douanière de la Sarre à la République Française, d'où découlent:

l'indépendance politique de la Sarre vis à vis du Reich Allemand,

l'exercice par la République Française de la défense du territoire et des relations extérieures du territoire avec les Etats étrangers,

l'application en Sarre des Lois françaises relatives au statut monétaire et douanier,

l'attribution à un représentant du Gouvernement de la République Française d'un pouvoir de réglementation pour assurer l'unité douanière et monétaire, ainsi que d'un droit de contrôle destiné à garantir le respect du statut,

une organisation judiciaire, établie de manière à assurer l'unité de Jurisprudence nécessaire dans le cadre du statut.

L'Assemblée Sarroise, librement élue par le peuple, afin de donner à cette volonté une expression qui soit un engagement,

afin d'établir solennement, après extirpation d'un système qui déshonorait et asservissait la personnalité humaine, la liberté, l'humanité, le droit et la morale comme fondements de l'Etat nouveau dont la mission est d'établir un lien pour le rapprochement des peuples et de servir, dans le respect de Dieu, la cause de la paix du monde,

(Archiv des Saarländischen Landtages)

Gemäß den Bestimmungen des Abkommens zwischen der Regierung der Bundesrepublik Deutschland und der Regierung der Französischen Republik über das Statut der Saar vom 23. Oktober 1954, das nach Artikel 1 zum Ziele hat, der Saar im Rahmen der Westeuropäischen Union ein europäisches Statut zu geben, ist die Saarländische Bevölkerung zu fragen, ob sie dem europäischen Saarstatut ihre Zustimmung gibt.

Niemand soll den Vorwurf erheben können, die saarländische Bevölkerung habe nicht genügend Kenntnis von dem Inhalt dieses deutsch-französischen Abkommens erhalten. Deshalb hält es die Regierung des Saarlandes für ihre Pflicht, unter Verzicht auf jede Stellungnahme und Erläuterung den vollen Wortlaut des Abkommens jedem saarländischen Bürger zur Kenntnis zu bringen.

Die Bevölkerung des Saarlandes hat nunmehr zu entscheiden, ob das von Bundeskanzler Adenauer und dem französischen Ministerpräsidenten Mendès-France unterzeichnete und vom Deutschen Bundestag und Bundesrat sowie vom französischen Parlament und vom französischen Senat angenommene europäische Statut der Saar, dem die Regierung des Saarlandes ihre Zustimmung gegeben hat, Wirklichkeit wird.

              Die Regierung des Saarlande

                    Ministerpräsident

(Archiv des Saarländischen Landtages)

oben und unten: Die Anfänge nach dem Krieg

(beide Fotos: Bildarchiv Historisches Museum Saar,
Saarbrücken)

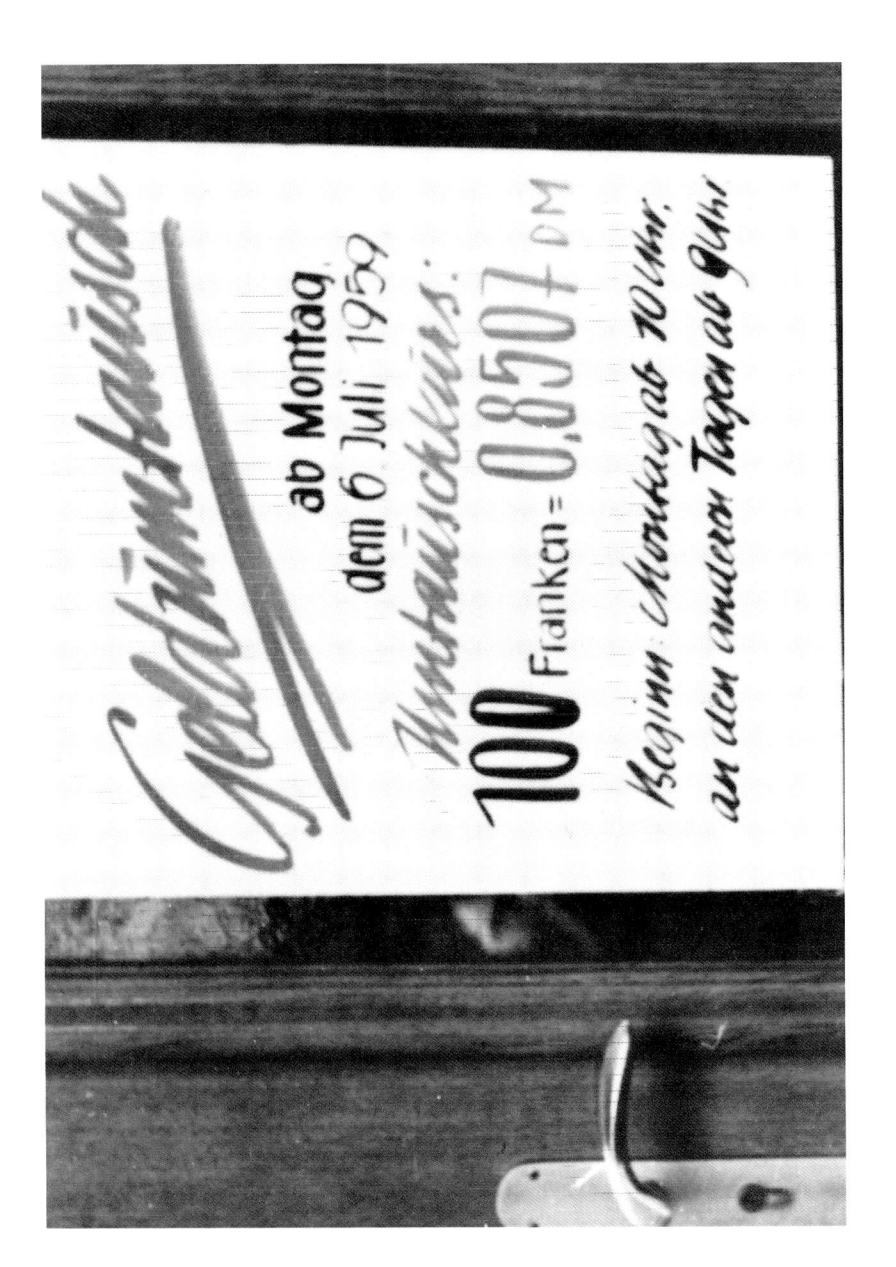

(Bildarchiv Historisches Museum Saar, Saarbrücken)

Die Abstimmung im Saargebiet
(Bildarchiv Historisches Museum Saar, Saarbrücken)

Auszählung nach der Abstimmung
(Bildarchiv Historisches Museum Saar, Saarbrücken)

Johannes Hoffmann verkündet das Ergebnis
(Bildarchiv Historisches Museum Saar, Saarbrücken)

Straßenszene in Saarbrücken
(Bildarchiv Historisches Museum Saar, Saarbrücken)

Der Ansturm zu den Valan-Veranstaltungen war gewaltig (dieses Foto und die ff. bis S. 59 illustrieren den Beitrag von Dolly Hüther)

oben und unten: Hexim und Valan, Dolly Hüther in Aktion

(beide Fotos: Archiv Dolly Hüther)

(Archiv Dolly Hüther)

(Archiv Dolly Hüther)

(Archiv Dolly Hüther)

Saarbrücken, bei der alten Post
(Bildarchiv Historisches Museum Saar, Saarbrücken)

Großrosseln, ca. 1950 (Archiv Stefan Hoff,
Heimatkundlicher Verein Warndt)

Straßenszene in Großrosseln, frühe 60er Jahre
(Archiv Stefan Hoff, Heimatkundlicher Verein Warndt)

Alte Völklinger Hütte, 60er Jahre
(Bildarchiv Tourismus Zentrale Saarland)

Alter Bahnhof Völklingen, 50er Jahre
(Bildarchiv Tourismus Zentrale Saarland

oben und unten: Straßenszene in Saarbrücken,
ca. frühe 60er Jahre

(beide Fotos: Saarbahn GmbH)

Das große Hochwasser in Großrosseln bzw. Petite Rosselle

(beide Fotos: Archiv Stefan Hoff,
Heimatkundlicher Verein Warndt)

Ein liebenswerter Saar-Botschafter

Freier Autoren-Landesverband stellt Buch über die Heimat vor

Merzig/Homburg (gm). Es ist ein Buch zum Querlesen. Aber der Leser blättert nicht lange. Immer wieder bleibt er „hängen", liest, erinnert sich, lässt ein leises Heimatgefühl zu oder staunt darüber, wie Zugereiste sein Heimatland Saar sehen. Auf über 140 Seiten haben annähernd zwanzig Autoren ihre „Saar-Geschichten" niedergeschrieben, teils in Prosa, teils in Lyrik. Die Autoren gehören alle dem Landesverband des Freien Deutschen Autorenverbandes (FDA Saarland) an. Die Gedichtsammlung hat die Landesvorsitzende Irene Siegwart-Bierbauer herausgegeben.

Im Buch begegnen wir unter anderem dem Saarbrücker Autor Kurt Jungmann, er an den Personen Carl Schmidt, später Weihbischof in Trier, und Alfons Kirchner, früherer Landesgeschäftsführer des Deutschen Roten Kreuzes (DRK), das bittere Los der Bevölkerung in einem besetzten Land festmacht. „Valan, die Waschmaschine in der Türe" feiert fröhliche Urständ' in einer Geschichte um eine Berufsfindung von Dolly Hüther. Die Saarlouiserin Irene Rickert hält sich an die moselfränkische Mundart und berichtet vom „Vatta un sein Búú": „Et gift aah, an denen lohnt et sich nit, morjens zustehn". Auch die Dillingerin Marlies Böhm bekennt sich zu ihrer Mundart im Gedicht „Hettenlied": „Dreckisch enschdan nòh jeedem Reen, silwrija hdaaf òm Balkon òn òff da Trepp…". Das „Hüttenlied" haben die Neunkircher ebenso gesungen. Sie brauchen es heute allerdings nicht mehr zu singen, die Dillinger aber immer noch.

Mit Béla Bayer stellt sich ein eingewanderter Ungar vor, der Homburger geworden ist. „Nachtbummel" heißt eines seiner Gedichte: „Wie die alten, klugen Elefanten blickt der Schlossberg auf die Stadt, während kühle Römer-Seelen landen, bedeckt den Kirchturm sacht die Nacht." Der 1916 in Neunkirchen geborene Theophil Krajewski nutzt – für das Saar-Buch etwas überraschend – die japanischen Verskünste Tanka und Haiku. Ein Tanka ist dem saarländischen Philosophen Peter Wust gewidmet: „Einsamer Denker aus den Wiesen des Dorfes, Menschen hast du durch Ungewissheit und Wagnis den Weg zur Wahrheit gezeigt."

Es tut gut, in dieser „Blumensammlung" (Anthologie) saarländischer Autoren zu stöbern, saarländische Geschichte und Eigenarten zu erfahren oder sich an sie wieder zu erinnern. Ein kleiner Bildteil lockert den Band auf. Und Ministerpräsident Peter Müller bekennt sich im Vorwort dieses Buches zu seinem Land und schreibt, dass er sich in diesem Lande auch „dahemm" fühle. Es ist ein sanftes, anheimelndes Buch, nicht ohne Ecken und Kanten, eben ein saarländisches Buch, das Lesevergnügen bereitet.

◆ „Dahemm, Rendezvous mit dem Saarland", Herausgeber: Irene Siegwart-Bierbrauer, Landesvorsitzende des FDA Saarland, erschienen im Verlag Editions trèves, Postfach 1550, 54205 Trier, ISBN 3-88081-424-4.

Familienvater wegen Missbra

Sexuelle Handlungen an Kindern – Gericht verhängt Ha

Saarbrücken (lum). Wegen sexuellen Missbrauchs von Kindern hat das Saarbrücker Schöffengericht einen Saarländer zu zwei Jahren und vier Monaten Gefängnis ohne Bewährung verurteilt. Nach Feststellung der Richter hatte der 41-Jährige sexuelle Handlungen an Kindern vorgenommen und sich mehrfach gegenüber Minderjährigen in exhibitionistischer Weise gezeigt. Amtsgericht und Staatsanwaltschaft legten dem Familienvater gleich mehrere Taten zur Last. Seine Opfer seien Kinder aus Verwandtschaft und Bekanntenkreis gewesen.

Laut Anklage soll der 41-Jährige im Sommer 1999 seine damals 13 Jahre alte Nichte im Keller seines Hauses unsittlich berührt haben. Einem ebenfalls erst 13 Jahre alten Freund seines Sohnes soll der Angeklagte im August 2000 in seiner Wohnung zunächst einen Pornofilm vorgespielt und sich ihm dann in sexueller Weise genähert habe. Außerdem habe der 41-Jährige im Sommer und Herbst 2000 zwei weiteren jugendlichen Freunden seines Sohnes pornografische Filme vorgespielt und dann in Anwesenheit der Jugendlichen an sich selbst manipuliert. Ans Tageslicht kamen die Vorwürfe, nachdem sich die Lehrerin eines Opfers bei der Polizei gemeldet hatte.

Vor Gericht bestritt der Angeklagte z nächst den Vorwurf, er habe seine Nich sexuell belästigt. An besagtem Tag Sommer 1999 habe er im Keller etwas arbeitet, als sein Sohn und seine Nich heruntergekommen seien. Es sei „ rumgealbert" und „gekitzelt" word „Wenn ich meine Nichte dabei unsittli berührt haben sollte, so geschah das ni in sexueller Absicht", erklärte der 41-Jä rige. Das dachte nach eigener Aussa zunächst auch das Mädchen: „Es kann immer einmal vorkommen, dass man manden aus Versehen an der Brust o dem Po berührt. Aber das ist oft vor kommen. Das war kein Zufall mehr."

Von den drei Freunden seines Sohn denen der 41-Jährige Pornofilme vor spielt haben soll, berichtete einer d Jungen vor Gericht, er habe öfter bei d Sohn des Angeklagten übernachtet. E mal sei der Vater in das Kinderzimm gekommen und habe gesagt, er müsse ihm im Ehebett schlafen, da im Kind zimmer nicht genug Platz sei. „Er h mich dann gefragt, ob ich was Har schauen möchte, und ich dachte, er me einen Horrorfilm", erinnerte sich Schüler. Zu sehen bekam der Junge a einen Pornofilm. Der Angeklagte ha dann vor ihm an sich manipuliert. Spä

Marlies Böhm

Hettenlied

Dreckisch Fenschdan
nòh jeedem Reen,
silwrija Schdaaf
òm Balkon òn òff da Trepp.
Weißa Damp
aam Himmel,
brauna Qualm
voa da Sònn.
Et re-icht
wie faul Aaia.
Et bòllat òn quietscht,
et ròmbelt òn peift,
et rauscht òn bròmmt
daachsiwwa
òn nahts.
De beschwäascht dich
als mòò
òn schännscht.
Et eß da
nemmeh egal.
Awwa wenn alles
sauwa òn rouisch wäa.
Òn wenn deina
kää Aawet meh hätt,
wäa da dat
aach nett
egal!

Irene Rickert

Saar-ländliche Idylle

Hahnenschrei am Morgen,
Hühnergegacker, Gänsegeschnatter,
Traktoren- und Motorgeratter,
Rasenmähergeknatter,
Dreschmaschinengeklapper –
Glockengeläute,
Sirenengeheule,
Gekläffe von Hunden –
Gepriesen die Stunden
des beschaulichen, stillen Landlebens.

Ursula Quirin

Ensdorferabend

Gierig bis eben
waren die Blüten
Mäuler himmelhin
gereckt schlucken sie
Sonne in den Schlaf

Kühlturm Ensdorf
bringt den Abend
unter einen Dampf
ablassen
könnt ich es auch

Ursula Quirin

Gut

Das blanke Blau
angespuckt vom
Kraftwerkkessel
gut
tun mir die
künstlichen Wolken
seh ich
hochhochoben
meinen Schutzengel
flüchtig

Ursula Quirin

HOLUNDER

Rußiger Auswurf
zum Schweigen
gebrachte Industrie

ein abgestellter
Güterwagen hat
den Anschluß verloren

und zwischen Disteln
Stachelarkaden
der saubere Holunder

im blühenden Licht

Ursula Quirin

Zug nach Saarbrücken

Elend Leib an Leib
fahren Häuser durch
mein Auge. Ginster
schleudert Feuer
gelb die Fackel ins
Geröll. Schlackenhalden
ergrünend tun sie
als ob.
Balkone mit kosmetischen
Attributen bieten
die Stirn. Hinter
Stäben ein Vogel
hat sich
abgefunden.

Marlies Böhm

Kässchmeaessen

Alljährlich am Karfreitag verließ mein Großvater in aller Herrgottsfrühe das Haus. Selbst wenn er in der Nacht vorher auf der Hütte Nachtschicht hatte, kam er so schnell wie möglich nach Hause, stellte seine lederne Aktentasche ab, trank schnell eine Tasse Malzkaffee und machte sich sogleich auf den Weg. Vor der großen Kirche wartete bereits eine Gruppe von Männern auf jene, die von der Nachtschicht kamen. Nach einem Gebet begannen sie ihre Wallfahrt, einen Fußmarsch auf den Limberg.

In den ersten Jahren nach dem Krieg begleitete der damalige Pastor die Männer auf ihrer Kreuzwegwanderung. Als seine Nachfolger diese Gepflogenheit wegen anderer Verpflichtungen nicht mehr wahrnahmen, organisierten die Männer ihren Karfreitagskreuzweg weiterhin.

Die Pilger durchquerten die Innenstadt und gelangten zu der »alten« Kirche, wo sich ebenfalls etliche Männer eingefunden hatten, um sich der Wallfahrt anzuschließen. Über die »Treppchesbreck«, eine Fußgängerbrücke, die ein Überqueren der Bahngleise ermöglichte, wanderten die Männer in westlicher Richtung auf den Limberg zu. Gleich hinter der Saarbrücke bogen sie nach links ab und marschierten am Fuße des Limberges entlang in Richtung Wallerfangen.

Kurz vor dem Ortseingang mündet der Kreuzweg auf die Hauptstraße. Dieser Weg führt hinauf nach Oberlimberg. In regelmäßigen Abständen stehen große Steinkreuze am Wegesrand, vierzehn Stück, für jede Kreuzwegstation eines.

Die Männer stiegen den Kreuzweg hinauf und hielten an jeder Station an, um ein Gebet zu sprechen oder ein Passionslied zu singen.

Mein Großvater sang für sein Leben gern. Er war Mitglied im Kirchenchor und gehörte bei jenen Wallfahrten zu den tragenden Stimmen.

Als sie im Dorf Oberlimberg angekommen waren, suchten die Pilger die Kapelle auf und beendeten den Kreuzweg dort mit einer kleinen Andacht.

Anschließend kehrten sie im Gasthaus ein, wo sie sich mit einer »Kässchmea« stärkten. Es handelte sich hierbei um eine Scheibe Bauernbrot, die mit weißem Käse, also Quark, bestrichen war.

Nach einiger Zeit traten die Männer den Rückweg an. Meistens wählten sie hierfür einen streckenmäßig kürzeren, aber ziemlich steil hinabführenden Pfad, der fast an der Saarbrücke auf die Straße traf.

In der Regel waren die Pilger spätestens zur Mittagszeit wieder zu Hause und machten sich am Nachmittag erneut auf den Weg zur Kirche, um an der Karfreitagsliturgie teilzunehmen. Viele Jahre lang trafen sich die Männer am frühen Karfreitagmorgen, um den Kreuzweg auf den Limberg zu gehen.

Das Gebet und die Besinnung traten jedoch mehr und mehr in den Hintergrund. Das »Kässchmeaessen« wurde in zunehmendem Maße zum Hauptanliegen und schließlich zum einzigen Zweck jener Wanderung.

Heutzutage kommen am Karfreitag Hunderte von Gästen nach Oberlimberg zum »Kässchmeaessen«. Nur ganz wenige von ihnen sind zu Fuß jenen Kreuzweg hinaufgegangen und noch weniger haben an den einzelnen Stationen inne gehalten zum Gebet oder auch nur zum Nachdenken.

War das »Kässchmeaessen« in früheren Zeiten eine notwendige Stärkung für Pilger nach einem Fußmarsch von etlichen Kilometern, so ist es heute ein reiner Selbstzweck.

Der Zusammenhang zwischen Kreuzwegwallfahrt und »Kässchmeaessen« ist verschwunden.

Theophil Krajewski

Der Dichter

Dein schweres Leben
hast du tapfer gelebt mit
deinen Gedichten,

voll Schönheit, Schwermut, Musik,
ein Glanz aus der andern Welt.

Tanka
für Johannes Kirschweng
geb. 1900 Wadgassen - Saar
gest. 1951 Wadgassen - Saar

Theophil Krajewski

Der Philosoph

Einsamer Denker
aus den Wiesen des Dorfes,
Menschen hast du durch

Ungewißheit und Wagnis
den Weg zur Wahrheit gezeigt.

Tanka
für Peter Wust
geb. 1884 Rissenthal - Saar
gest. 1940 Münster

Theophil Krajewski

Zitternde Ruhe –
Auf dem stillen Parkweiher
weiße Seerosen

Haiku
im Mettlacher Park

Theophil Krajewski

Draußen Parkstille –
im Saal Sprache der Seele,
Mozart und Chopin

Ein Senryu
In einem Konzert mit Kammermusik
im Refektorium der ehemaligen
Benediktiner-Abtei in Mettlach Saar

Marlies Böhm

Die Hennagass

Sie war eine kleine, schmale Straße im ältesten Teil der Stadt und verlief parallel zur Hauptstraße, die in diesem Bereich sogar Bundesstraße war, und an der Friedhofsmauer vorbei.
Die Häuser waren zum größten Teil aneinandergebaut, nur hier und da gab es Durchgänge, die gerade so breit waren, daß ein Handwagen hindurchpaßte. Es schien, als müßten die schmalbrüstigen Häuser einander stützen und sich gegenseitig Halt verleihen. Der holprige Bürgersteig ging in ebenerdige Türschwellen über. Nur die Haustüren der wenigen unterkellerten Gebäude lagen eine oder zwei Treppenstufen höher. Die Gasse begann neben der alten Kirche, führte an der Schule vorbei und mündete nach einer Linkskurve auf die Hauptstraße.
Die meisten Leute hatten schon vor dem Krieg dort gewohnt. Nach Kriegsende kamen sie so nach und nach aus der Evakuierung zurück. Hier fehlte der Vater, dort der Sohn.
Zunächst hauste man in Kellern und den wenigen Häusern, deren unterstes Stockwerk noch bewohnbar war. Ein Haus nach dem anderen wurde mit vereinten Kräften wieder aufgebaut. Bei einigen genügte ein Stockwerk, andere strebten in die Höhe mit zwei oder gar drei Geschossen. Das enge Nebeneinander verstärkte noch den Zusammenhalt. Abends pflegte man vor der Tür zu sitzen und ein Schwätzchen zu halten. Natürlich kam dabei manche Klatschbase voll auf ihre Kosten, aber das gehörte eben dazu.
Als die ersten Fernsehgeräte in den Wohnungen auftauchten und erste Antennen die Dächer verunzierten, änderte sich alles. Kaum jemand stellte mehr in Erwartung eines längeren Feierabendgespräches Stühle oder gar eine Bank vor die Haustür. Man war um so eifriger bemüht, als Gegenleistung für eine mitgebrachte Flasche Bier einen Logenplatz in der guten Stube

derjenigen zu erhalten, die schon im Besitz einer Flimmerkiste waren.

Viele Kinder spielten seinerzeit auf dieser Straße. Als einmal ein fehlgeleiteter Ball beim Sepp eine Fensterscheibe zertrümmerte und niemand sich zu der Tat bekannte, bekamen alle Akteure von ihren Eltern den Hintern versohlt, und jeder Beteiligte stiftete einen Obulus von seinem Taschengeld für eine neue Glasscheibe.

Später, als vor jedem Haus Autos parkten, konnten die Kinder nicht einmal mehr ungestört Federball auf der Straße spielen.

Die alte Frau im dritten Haus auf der linken Seite konnte nicht mehr gut gehen. Sie saß den ganzen Tag über am Fenster und beobachtete alles. Sie sah, wer noch zur Schule rannte, wenn es schon längst geklingelt hatte, wer die Messe besuchte und wer nach der Wandlung oder Kommunion schon vorzeitig die Kirche verließ. Einmal wurde sie Zeuge, wie der Klaus der Bettina einen Kuß gab. Am nächsten Tag wußte die ganze Straße Bescheid.

Am Waschtag lieh Tilli sich von Käthchen die Wäscheklammern aus. Dafür ließ sie ihr später ein paar Salatköpfe aus dem Garten zukommen.

Ja, so war das. Man half sich gegenseitig aus.

Als der alte Schang im Sterben lag, lief seine Tochter hinüber auf die andere Straßenseite und informierte Maria und Else. Miteinander beteten sie am Sterbebett. Der alte Schang brauchte nicht einsam und alleine zu sterben.

Als Tillis jüngste Tochter ihr erstes Kind bekommen sollte, ging Else mit zum Krankenhaus und trug der werdenden Mutter den Koffer.

Nach dem Tod der alten Mimi zog eine italienische Familie in deren Haus ein. Sie wurde freundlich aufgenommen. Als sich dort Familiennachwuchs einstellte, verteilten sie an alle Mitbewohner der Staße außergewöhnlich verpackte »Kenddääfsgutzja.«

Viele junge Leute zogen aus der Hennagass fort. Einige bauten sich moderne, größere Häuser im Neubaugebiet der Stadt. Andere übersiedelten aus beruflichen Gründen in andere Gegenden. Nach dem Tod der Eltern und Großeltern wurden die alten Häuser vermietet. Aber die neuen Bewohner blieben auf Distanz. Sie waren Fremde in jener Straße.

Auf einmal hieß es: Eine neue Umgehungsstraße wird gebaut!

Die Gemeinde kaufte die meisten Häuser und vermittelte den Bewohnern eine neue Bleibe. Früher oder später zog man aus.

Die Häuser blieben leer zurück.

Wenn es dunkel wurde, kamen Unbekannte und räumten die Häuser endgültig aus. Alles, was sich abmontieren und ausbauen ließ, wurde fortgeschafft. Sogar aus den Gärten verschwanden Pflanzen und Mutterboden.

Der Abriß dauerte kaum länger als einen Tag. Jetzt liegt alles brach, öde oder »dre-isch«, wie man hier sagt. Bald werden Bagger und Baumaschinen der Gegend ein neues Gesicht geben.

Aber die Hennagass ist tot.

Kurt Jungmann

An der Klagemauer

Nahe bei der alten Brücke treffen sich bei gutem Wetter schon am Vormittag die Pensionäre. Sie haben gerade gefrühstückt und die Zeitung gelesen. Um den putzenden und kochenden Hausfrauen aus dem Wege zu gehen, unternehmen sie ihren Morgenspaziergang. Auf den Ruhebänken finden sie gleichgesinnte und alte Kameraden, bei denen die gesundheitliche Kondition oder aber die Renten nicht ausreichen, um einen Frühschoppen zu trinken.

Jetzt werden die neuesten Nachrichten aus der großen und kleinen Politik durchgesprochen. Fast immer sind Spaßvögel darunter, die ein Gespür für Schildbürgerstreiche der Stadtväter und -mütter haben. Journalisten, die Pointen für Lokalspitzen oder Glossen suchen, tut sich hier eine Fundgrube auf. Grametscheln und krakehlen tun sie alle. Mancher versucht gar, die anderen zu übertönen, als ob er mit Lautstärke besser überzeugen könnte.

Mir fällt da ein alter Herr auf, der den Eindruck eines Philosophen erweckt. Er redet nicht so viel wie die anderen. Wenn er spricht, erhebt er seine Stimme nicht, um jemand zu übertönen oder möglichst viel Publikum zu erreichen, sondern sagt alles ruhig, gelassen und mit wenigen Worten. Mit ihm versuche ich ins Gespräch zu kommen.

»Darf ich Sie einmal etwas fragen?«

»Sicher, wir haben doch wieder Redefreiheit in Deutschland.«

»Mich interessiert das, was nicht in den schlauen Büchern über die Stadtgeschichte steht, dafür aber im Gedächtnis der Leute.«

»Sagen Sie nur, Sie kämen vom Rundfunk oder vom Fernsehen?«

»Nein. Die Ehre habe ich nicht.«

»Das hätte mich auch gewundert ...«
»Warum?«
»Wissen Sie, warum das Funkhaus auf dem Halberg steht?«
Das wußte ich natürlich nicht.
»Damit das Programm leichter über die Köpfe der Gebührenzahler hinweggeht.«
»Da ist sicher etwas dran.«
»Wissen Sie auch, warum das Fernsehen Fernsehen heißt?«
Auch das wußte ich nicht.
»Weil es überwiegend das zeigt, was in der Ferne geschieht. Dabei vergessen diese Leute allzu leicht, was bei uns passiert. Manchmal meint man, außer den Putzfrauen gäbe es dort keine Einheimischen.«
»Das ist ein Kapitel für sich. Eigentlich wollte ich Sie etwas anderes fragen.«
»Tun Sie das nur. Wir sind ja eine Universitätsstadt.«
»Können Sie mir erklären, warum der Volksmund diese Wand hinter den Ruhebänken die ›Klagemauer‹ nennt?«
»Kommen Sie vielleicht vom Rathaus? Nein! Der jetzige Oberbürgermeister und sein Kulturemmes können das auch nicht wissen, weil sie damals noch nicht dabei waren. Die geben sich mit der oberflächlichen Antwort zufrieden, hier würden die Pensionäre ihre aktuellen Klagelieder singen.«
»Das ist wohl noch nicht alles?«
»Wenn die alte Brücke erzählen könnte, was sie schon alles hat mit ansehen müssen! Darüber könnte man ein Buch schreiben ...«
»Ich schreibe Bücher und höre Ihnen gerne zu.«
»Kennen Sie auch die Geschichte von dem Reiterstandbild des Kaisers, das bis zum Ende des Krieges auf der Mitte der Brücke gestanden hat?«
»Ich habe schon davon gehört. Aber bitte, erzählen Sie weiter!«
»Es war nach dem ersten Bombenangriff, bei dem die halbe Stadt gebrannt hat. Eines Morgens, als es gerade hell wurde, entdeckten Leute, die zur Arbeit gingen, ein handgedrucktes Schild auf der Brust des Kaisers. Darauf hatte einer geklagt:

Komm herab, du alter Streiter,
dein Gefreiter weiß nicht weiter.

Natürlich hat die SA das Schild mit der Anspielung auf die militärische Vergangenheit des ›größten Feldherrn aller Zeiten‹ sofort entfernt. Selbst die Gestapo hat nie herausgefunden, wer es angebracht hat. Nach dem Krieg haben die Sieger das Standbild abreißen lassen. Da hat sich die Sache mit dem Klagelied vom alten Kaiser Wilhelm auf die Klagemauer übertragen.«
»Ich finde, gerade diese Geschichte von der Klagemauer hätte verdient, in der Stadt bekannt zu sein.«
»Das meine ich auch. Ob die im Rathaus je auf die Idee kommen werden, an Ort und Stelle eine Gedenktafel anzubringen, etwa mit der Aufschrift ›Dem unbekannten Widerständler‹? Das wäre doch etwas!«

Irene Siegwart

Das Saarland ist ein Dorf
oder: Man kennt jemanden, der jemanden kennt

Im Saarland bleibt nichts geheim. Das Saarland hat seine »Besonderheiten«. Wieso den offiziellen Weg beschreiten, wenn man jemanden kennt, der wiederum jemanden kennt, der die entsprechende Entscheidungsbefugnis besitzt?
 Diese und andere Vorurteile – oder sollten es gar keine Vorurteile sein? – haben ein langes und fröhliches Leben. Immer wieder tauchen sie irgendwo auf, tauchen wieder unter, geraten aber nie ganz in Vergessenheit.
 Üblicherweise schreibt man eine solche Story in Mundart. Jetzt habe ich ein Problem. Im Saarland gibt es derer zwei, genauer genommen sogar drei. Einmal ist es das »Moselfränkische«, das man im nördlichen Saarland, so um die Merziger Gegend spricht. Weiter spricht man das »Rheinfränkische«, und dann gibt es noch die Saarbrücker (Saarbrigger) Mundart, die aber dem Rheinfränkischen zugeordnet werden kann. Und natürlich all die Schattierungen. Aber bitte, legen Sie mich hier nicht fest.
 Jedenfalls weiß ich genau, daß meine Mundart, die Großrossler (oder Rossler) Mundart, etwas ganz eigenes ist. Schließlich ist Großrosseln ein Grenzort, dessen »Rest« den Namen Petite Rosselle trägt.
 Doch wie soll ich in dieser Mundart schreiben? Es gibt für Saarbrücken ein Wörterbuch. Es gibt für Saarlouis ein Wörterbuch. Es gibt ...
 Es gibt auch für Großrosseln ein ... Nein, das ist kein Wörterbuch. Es ist eine Promotion über die Großrossler Mundart. Doch die Wörter in phonetischer Schreibweise kann mein PC nicht wiedergeben. Und wie soll ich verläßlich meine Mundart wiedergeben?

Soll ich überhaupt in Mundart schreiben? Bisher tat ich dies einmal und das auch nur in wörtlicher Rede. Ich sehe auf die Uhr. Es ist spät und ich möchte diesen Text noch heute fertigschreiben. Ob ich das schaffe, wenn ich in Mundart schreibe?

Nun, ich müßte mir Rat einholen. Schreibe ich jetzt z. B. Vater als »Fadder«, oder klingt in Rossler Platt dieses Wort mehr nach »Fader« oder »Fadda«?

Bei wem Rat holen? Der eine kennt sich in Saarbrücken gut aus, die andere im Moselfränkischen, der Dritte ... »Wer an der Straße baut, hat viele Baumeister«, sagt ein altes Sprichwort. An dieser Stelle beschließe ich, in der deutschen Hochsprache zu bleiben.

Weiter beschließe ich, die alte Rechtschreibung zu benutzen. Mein PC besitzt sowieso nur die alte WORD 97 Version, und mein biologischer PC hat sich mit der Rechtschreibreform aus irgendwelchen inneren Widerständen noch nicht angefreundet.

Ich hoffe, daß die Leser im »übrigen Deutschland« zu schätzen wissen, daß ich ihnen zuliebe die deutsche Hochsprache benutze und an dieser Stelle unsere »kleine Leserschar« von gerade mal 1,1 Millionen Landsleuten im Saarland, die sich dann auch noch in Sprachregionen aufteilen, vernachlässige.

So, nun habe ich alle Gründe zu meiner Entschuldigung angeführt und zugleich mich aus Gründen der angeblichen Zeitknappheit der Verpflichtung enthoben, eine der saarländischen Mundarten aussuchen zu müssen.

Aber mein Thema war ja ein anderes. Was war es noch? Ach ja, die saarländische Methode des »Ich kenne da jemand, der kann dir sicher weiterhelfen.«

Und damit ist auch eigentlich schon alles gesagt. Alle, oder fast alle, kennen jemanden. Oder sie kennen jemand, der/die jemanden kennt. Ich zum Beispiel, ich kenne ... Oh, man, nein, korrekt ist: frau soll ja keine Geheimnisse ausplaudern.

Also, wie anonymisiere ich nun meinen Text? Jetzt habe ich ein weiteres Problem. Wieso schreibe ich denn diesen Text überhaupt? Noch ein Problem. Ach so, ich schreibe ihn, weil der Verlag meint, diese und jene Aspekte könnten/sollten/müßten doch auch noch berücksichtigt werden.

Na ja, macht nichts. Stellen Sie sich vor, sie möchten ein Auto kaufen. In Berlin, Hamburg oder Bremen gehen Sie zum Händler, unterhalten sich mit ihm, er sagt den Preis abzüglich Rabatt. Jetzt gehen Sie heim und überlegen, ob sie mit dem Preis einverstanden sind oder einen anderen Händler aufsuchen.

Was tut man hier? Hier geht man nicht zum Händler. Hier geht man zu Leuten, die man kennt. Und die wiederum kennen Leute, die genau diese Automarke, die Sie möchten, verkaufen. Oder sie arbeiten in der Fabrik, die diese Marke herstellt. So geht es hier.

Richtig interessant wird es, wenn es um die saarländische Lieblingsbeschäftigung geht: das Bauen. Das Bauen in all seinen Varianten: Umbauen, Anbauen, Neubauen, Garagenbauen, Gartenteichbauen, Wochenendhausbauen ...

Erstaunlich, allerdings nicht für uns, ist die Tatsache, daß das Saarland eine höhere Eigenheimquote besitzt als Baden-Württemberg. Hier ist man in dieser Hinsicht fleißiger als im Land der Häuslebauer. (Da man überall mit Stolz darauf hinweist, darf dies natürlich hier nicht fehlen!)

Auch die Bürokratie, die Gott vor das Häuslebauen gesetzt hat, läßt uns hier kalt. Wie wir das tun? Wie schon, wir haben Bekannte, die haben wiederum Bekannte und die sitzen zufällig genau dort, z. B. in der Unteren Bauaufsichtsbehörde in Saarbrücken, die zuständig ist für das Genehmigungsverfahren.

Die Sache bekommt allerdings einen Haken, wenn wir bei unserem Baugesuch einen böswilligen Nachbarn haben. Auch das soll es geben, und um die Böswilligkeit hier weiterzutreiben, werden Sie bemerkt haben, daß ich Nachbarn allein nur in der männlichen Form geschrieben habe. Wobei ich aber nicht abstreite, daß sich Geschlechtsgenossinnen ebenfalls in dieser Weise negativ hervortun sollen. Nur nicht so häufig, zumindest nach meinem Wissen. Der Gerechtigkeit halber möchte ich aber hier hinzufügen, daß ich durchaus voreingenommen bin.

Nunja, der Bauantrag meiner Bekannten verzögerte sich hierdurch um ein halbes Jahr, bekam aber letztendlich doch seine Genehmigung, und ein kleiner »Schwarzabriß« wurde freundlich übersehen, da diese dies begründen konnten. Saarländer wissen, was ich Ihnen hier mitteile. Für die übrigen übersetze ich: Die gegnerische Partei erreichte durch Bekannte die Verzögerung der Baugenehmigung, die wiederum durch die Bekannten meiner Bekannten endlich genehmigt wurde. Der für die Fortführung erforderliche vorherige Abriß eines Gebäudeteils war nicht genehmigungspflichtig, da ihnen von ihrem Bekannten die entsprechende Argumentation zur Verfügung gestellt worden war.

Sie sehen, im Saarland herrschen wahre Salomonische Verhältnisse. Es gleicht sich alles aus, jeder erhält sein Recht, jeder kommt zum Zug.

Hiermit ist auch gleichzeitig die Effektivität der Saarländischen Bürokratie erklärt. Die meisten Gespräche dieser Art finden nämlich in der Freizeit statt. So können die Behörden ungehindert ihre Arbeit erledigen – und erledigen in dieser Zeit wesentlich mehr Vorgänge als ihre Amtsbrüder und -schwestern im übrigen Bundesgebiet.

Wieso das hier so ist, möchten Sie wissen? Das fragen Sie? Gestatten Sie, daß ich Sie zum Nachdenken auffordere. In diesem kleinen Land, gerade mal 1,1 Millionen Einwohner, wie sollen wir uns denn hier nicht kennen? Wir können uns doch nicht aus dem Weg gehen, selbst wenn wir es wollten!

Doch, wer will sich hier schon aus dem Weg gehen? Es gefällt uns doch gut hier. Man und frau kennt sich. Da gibt es keine Unbekannten, auch nichts Unbekanntes im Verhalten. Man kennt das Gegenüber, weiß fast schon, was gedacht wird, was im nächsten Moment getan wird, kennt die Familienverhältnisse. Und wenn man diese nicht kennt, wird man sie spätestens jetzt erfahren.

So ist eines letztlich nicht verwunderlich: Innerhalb der Familie, sorry, innerhalb des Saarlandes, streitet man. Aber außerhalb des Saarlandes, dort streitet man nicht gegeneinander. Sie wissen ja: je kleiner die Familie, desto mehr hält sie zusammen.

Vera Hewener

Sichtfenster

An dem Tag
als Frühnebel die Waldwege verschleierte
als der Himmel im Feuerrot sein Blau verlor
als die Lichterkette der Straßenbeleuchtung
gegen Scheinwerfer ankämpfte
als das Wetterteam von Kachelmann
der Sonne einen Platz einräumte
als der Siebenundsiebzigjährige
Liebesdienste erkaufte
als der Scheidende
sich von der Gegenwart verabschiedete
als Kolleginnen über Wirklichkeit
und Anspruch nachdachten
als die Untersuchung keinen Befund ergab
und die Mittagspause sich selbst einholte

an diesem Tag in der Bahnhofstraße
spielte ein Bläserensemble
ununterbrochen Operettenmelodien
blies ein Straßenmusikant
zur Musikkassette auf seiner Oboe
lies ein Puppenspieler Marionetten tanzen
saß ein Bettler am Kaufhauseingang
suchte der Hund eines Punks seinen Herrn
grüßte ein Hinkender freundlich Passanten

an diesem Tag
als ich, berührt von der Wärme der Sonne
am Spätnachmittag durch die Citymeile bummelte

die mich mit lächelnden Menschen umfing
und ihr leer geräumtes Pflaster den Weg öffnete

an diesem Januartag
schlüpfte ich in den Kokon
den die Wärme des Gestirns
gesponnen hatte
nicht mir zuliebe
der menschlichen Zerstörung zum Trotz

an diesem Januartag
sog ich die milde Luft ein
durstig von der grauen Kälte
der letzten Tage
betrank ich mich hemmungslos
an der aufkeimenden Sicht
die von weither
den nächsten Tag ankündigte

Irene Rickert

Ein Morgen in Saarlouis

Der Morgen ist neblig und kühl.
Wieder einmal bin ich mit dem Zug gekommen. Mein täglicher Weg führt mich vom Bahnhof in Richtung Stadtmitte. Über der Saarbrücke bläst mir ein kalter Westwind ins Gesicht. Weiter führt mich mein Weg vorbei am Hallenbad. Die Stille des Stadtgartens wird unterbrochen durch das Vorüberrauschen der Omnibusse, welche die ersten Früharbeiter in die Stadt bringen.

Morgendunst umhüllt die Bäume. Sträucher sind mit silbernen Fäden bespannt.
Ich schmecke den würzigen Tau des herannahenden Tages.
Das Stadtgartengymnasium liegt verschlafen im Dunkel. Erst eine Stunde später werden lärmende Schüler es zum Leben erwecken.
Im Saaraltarm tanzen Lichter von Straßenlaternen. Beim Weitergehen kitzelt Duft von frischem Brot meine Nase.
Viertel nach sechs zeigen die leuchtenden Lettern der Rathausuhr.
Auf dem großen Markt sind Händler bereits eifrig damit beschäftigt, ihre Stände mit frischen Gemüse und Obst aufzubauen.

Der Springbrunnen plätschert fröhlich im Scheinwerferlicht.

Der Tag hat begonnen.

Hans Löw

St. Oranna
(um die Jahrhundertwende)

In der Weite der Landschaft: die kleine,
uralte Kapelle
und um sie herum viele Gräber im Angesicht
der Kreuzigungsgruppe der Gebrüder Guldner.
Spuren Gottes und der Menschen;
töricht, wer sie übersieht und achtlos
vorübergeht.
Ein Photo aus der Zeit um die Jahrundertwende,
aufgenommen im Schein der Abendsonne:
Grabkreuze, soweit das Auge reicht,
auf einsamer Höhe, dem Himmel näher,
im Schutz der Heiligen;
Zeugnisse der Frömmigkeit und der
ungebrochenen Hoffnung der Menschen.
Der Besucher ist überrascht von der Stille,
die diese Landschaft einhüllt.
Der Trost des Himmels, so scheint es,
geht leise über sie hin.

St. Oranna ist eine Wallfahrtskapelle in der Nähe von Berus und beherbergt Grablege der Heiligen. Unverheiratete pilgern zu ihr und bitten um einen guten Ehepartner, auch wird sie angerufen bei Augen- und Ohrenleiden. Bis zum Dreißigjährigen Krieg soll es dort eine große Siedlung gleichen Namens gegeben haben.

Hans Löw

Warndtwald

Bäume des Lebens
ragen stolz in die Höhe
wiegen sich im Winde
Nachfahren aus Eden
die Eichen und Tannen und Buchen
bewundert von Menschen
die gern sie besuchen
ein Fühlen und Wissen
ein Raunen und Staunen
in erhebenden Stunden
heilt Ängste und Wunden
und achten die Geister
die der Genius loci
seit fernen Zeiten
hat hervorgebracht
und den Warndt uns
zum Geschenk gemacht.

Hans Löw

Heimaterde

Heimaterde, meine Freude
Land im Sonnenschein
jedes Lied, jedes Wort
verklären diesen Ort
Licht und Lächeln, seliger Schritt
Jugend voll Entzücken
nichts kann dich bedrücken
bei Tages Arbeit, Tages Gang
stehst du Heimaterde
stets in hohem Rang
früh und spät ein Glücklichsein
hier fangen alle Märchen an
ergötzen dich ein Leben lang
und mit all meiner Liebe
steh ich stolz und ehrfurchtsvoll
der Heimat gegenüber.

Martina Merks-Krahforst

Surrealistische Nacht
(Saarbrücken Hauptbahnhof um Mitternacht)

Gefangen in schlechter Kulisse eines Batman-Films warte ich
gespannt daß Joker dem gelben Stahlgewirr entspringt
Grüne Reling eines Hochhauses gibt Batman Halt
Großer Mann begehrt üppige Frau im grellen Licht der
Eingangshalle suchen Hände Haar und Haut
Polizeipatrouille Joker kommt ins Spiel
lacht hämisch aus einem Funksprechgerät
Nachtfalter flattert ruhelos duch die Halle
Hände in wehendem Mantel verkrampft
Zärtliche Frau zärtlicher Mann verscheuchen vergebens
den Abschied im Neonlicht tickt Turmuhr schlägt letzte Stunde
Habe mich in die Handlung verirrt
Batman stürzt von der Reling
Jokers Gelächter in der Lautsprecherstimme
Schwarzes Coupé bremst quietschend rot grellen Lichter auf
Batman taucht unter im magischen Sog der Eingangshalle
Jokers Maske hinter Infowänden
Zärtlicher Mann üppige Frau verwachsen miteinander im
Schwarz mit Haut und Haar
Wanduhr hypnotisiert im Sekundentakt klickt Anzeigetafel
neue Ziele an - St. Wendel - Frankfurt über ...
Zärtliche Frau üppiger Mann verlieren einander im
Ungewissen am Ende des Tunnels nach überall wartet Batman
Grauer Schlund reckt seine Tentakel auf Bahnsteige
Von Joker aufgezogen gleiten Statisten an ihnen herab
Meine Blicke starren ins Nichts
Batman und Joker haben den letzten Zug genommen
Befreit finde ich dein Nachtgesicht

Vera Hewener

Berliner Promenade

Ja, sie blenden mich, Schweißperlen,
die auf Wellenkämmen glitzern,
da der Fluß dem Gelbkörper wehrt,
der aus den Höhen Flammen wirft.

Obschon Windäste über die Wasserhaut fächern
lodert die Stirn des Gewässers.
In dieser von Brandwunden gezeichneten Strömung
kräuseln Fische, im Gespräch mit Ankern,
eine Luftblasensymmetrie. Sie gerät in Wallung,
wenn sie auf Steinhöhen trifft,
die den geraden Lauf der Zeit behindern.

Jetzt hat die Sonnenhand den Feuersturm
über die Brüstung getrieben, löst eine Klangfolge aus,
die auf der Esplanade der Eiscafés schwingt.
Versprechungen wildern durch die Hitze,
die den klaren Blick verschmäht.
Schon das Rascheln einer Duftnote Aufsehen erregt,
inspiriert von der Sehnsucht des Sommers.

Ach, ihr kehren jene den Rücken,
die verängstigt sind und wortlos,
die die Gunst der Stunde vergrämen.
Ich spüre die Trauer der verlassenen Tische
bis Guiseppe sie befreit von den Resten
der erotischen Blasphemie.

Vera Hewener

Citymeile

Im Hitzefeld der Citymeile
schwebt die Leichtigkeit des Seins.
Über dem Kohlebrunnen
thront der Bergmann,
bedeutet der Hauptstadt das Wagnis,
ehernen Sandsteinfassaden
mit postmoderner Architektur einzuleuchten.

Zwischen Hauptbahnhof und Saargalerie
tändeln Kauftouristen zeitbefrachtet.
Die Bahnhofstraße stoppt den Verkehrsfluß,
läßt der Passage der Wünsche freien Lauf.

Arkaden spannen ein Kälteschild
und auf den Ruheinseln des Straßenpflasters
kosten Ermüdete den Nulltarif aus.

Im Blickwinkel der Schaufenster
spiegeln sich die Anpreisungen,
verlieren Werte an Bedeutung.

Unter den Sonnenschirmen der Freiluftcafés
parlieren Pausierende, die sich erfrischen
und der Zeit Unterbrechungen abfordern.

Am Ende der Citymeile
färben Ampeln den Ausgang.
Das Überschreiten der Übergänge
mobilisiert die verdrängten Grauzonen.

Béla Bayer

Nachtbummel
(Homburg)

Als wäre es ein riesig' Gemälde
aus Chagalls Händen, Abendrot.
Doch die helsingörischen Momente
drohen dem Pinsel mit der Not.

Wie die alten, klugen Elefanten
blickt der Schloßberg auf die Stadt,
während kühle Römer-Seelen landen,
bedeckt den Kirchturm sacht die Nacht.

Schornsteinfeger schaukelt auf dem Mondstrahl,
ein Wiegenliedchen tut sich schwer,
Geister spuken nun im Ruinental,
gähnende Gäßchen schweigen leer.

Nur wir beide nehmen wahr die Szene,
den Nachtschichtlärm der Brauerei,
noch bevor der neue Morgen käme
ist aller Zauber schon vorbei.

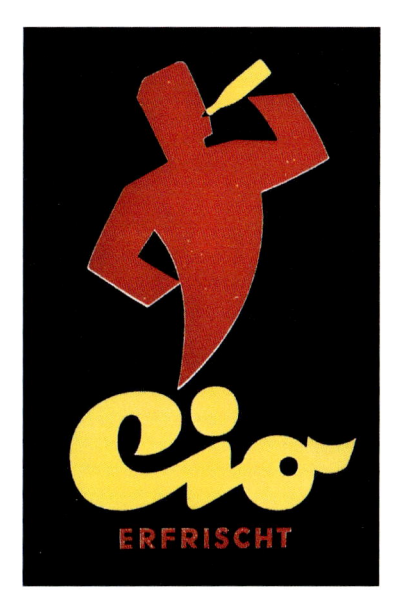

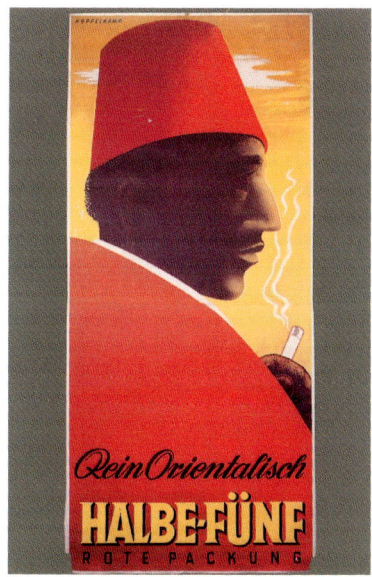

Alte Werbetafeln saarländischer Marken
(Historisches Museum Saar, Saarbrücken)

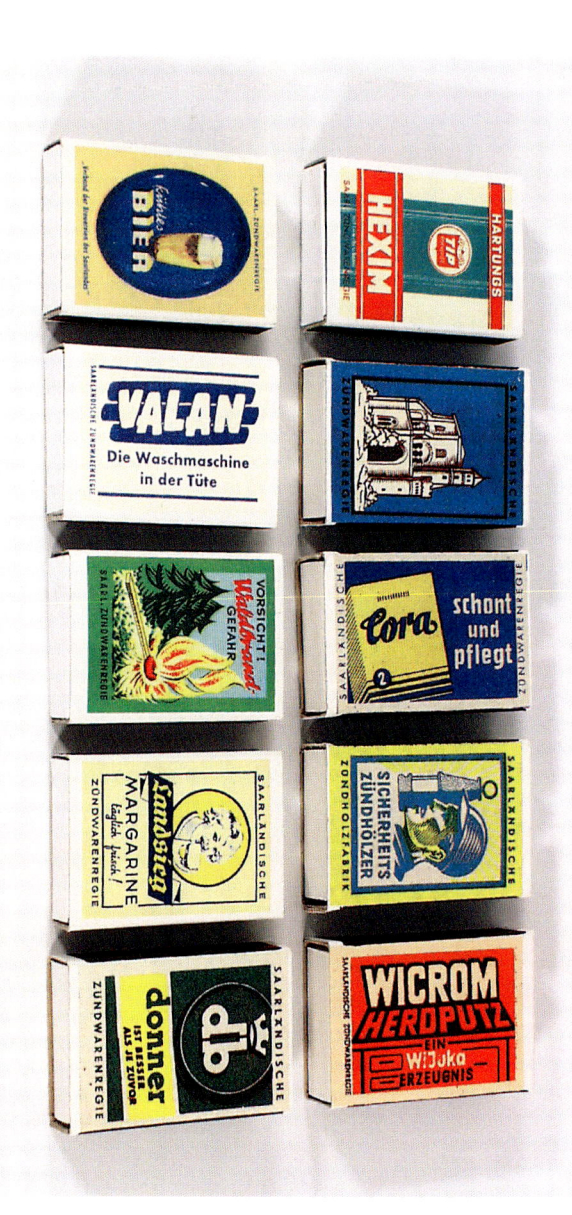

Streichholzschachtel-Serie mit Motiven alter saarländischer Marken
(zu erwerben beim Historischen Museum Saar,
Tel 0681 - 506 45 01)

Luftaufnahme von Saarbrücken
(Archiv Kontour GmbH Saar)

Ludwigskirche Saarbrücken
(Archiv Kontour GmbH Saar)

Das Saarbrücker Schloß
(Archiv Kontour GmbH Saar)

Szene am Markt in Saarbrücken
(Archiv Kontour GmbH Saar)

Weltkulturerbe alte Völklinger Hütte (Hochofengruppe)
(Archiv Tourismus Zentrale Saarland)

Gebläsehaus / Völklinger Hütte
(Archiv Tourismus Zentrale Saarland)

Roheisenabstich am Hochofen
(Archiv Tourismus Zentrale Saarland)

Altes Rathaus in Völklingen
(Archiv Tourismus Zentrale Saarland)

Warndtdom
(Archiv Tourismus Zentrale Saarland)

Kreisstadt Homburg 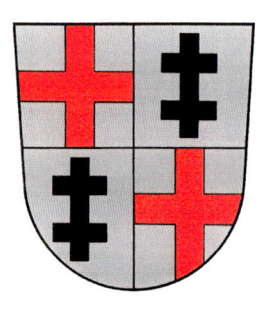   Kreisstadt Merzig 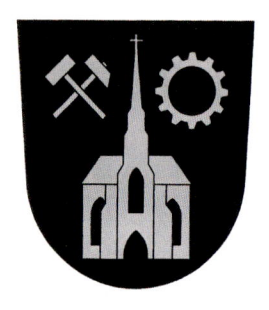   Kreisstadt Neunkirchen

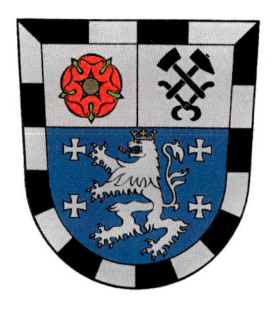

Landeshauptstadt Saarbrücken

Stadt Ottweiler    Kreisstadt Saarlouis 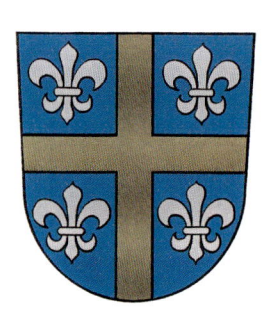   Kreisstadt St. Wendel

Rosemarie Hoffmann

Primsland – Ferienland

Und noch im Traum
sehe ich auf deinen
Uferwiesen Kühe grasen
Ziegen und auch Schafe.
Fußballer sieht man
dem Platz zustreben
zu erkennen am besonderen
Dress sich messen wollen
an dem heutigen Gegner.
Zu finden sind noch
alte Gemäuer
ehemaliger Mühlen
Relikte vergangener Zeit
abwartend ob einer sich
findet, der es für wichtig
hält festzuhalten
die Vergangenheit.

Marlies Böhm

Maaien

Mei Oma hat deck vazehlt,
wie se fre-ija emma
en da Nòhbaschaft
maaien gang wòr.
Die annan
senn aach ab òn zou
bei sie maaien kòmm.
Wemma haut awwa
bei emmes maaien gääng,
dòò gääng der gleich männen,
ma wòllt äppes vaanem,
òdda ma wòllt de Wirm ze-ihen
òn vaan äppes de Plan hann.
Wemma zou äänem saht:
Kòmm mòò e beßjen maaien,
dann männt der,
et gääf e Fescht gefeiat,
òdda ma hätt äppes Naues
òn wòllt dat nua weisen
`n dòò damet aangenn wie en Tuut voll Mecken.
Nää,
so rischdich maaien
kennen de Leit
haut nemmeh.
Uusa Kenna
wessen schònn garnemmeh,
wat maaien iwwahaupt eß.

Plaudern

Meine Großmutter hat oft davon erzählt,
wie sie in früheren Zeiten immer
in der Nachbarschaft
zum Plaudern unterwegs war.
Die anderen
sind auch ab und zu
auf einen Plausch zu ihr gekommen.
Wenn man aber heutzutage
zu jemandem zum Plaudern ginge,
so würde dieser wohl meinen,
man wolle etwas von ihm,
oder man wolle etwas herausbekommen
und etwas in Erfahrung bringen.
Wenn man zu jemandem sagt:
Komm auf einen Plausch vorbei,
dann nimmt derjenige an,
es würde ein Fest gefeiert
oder man hätte eine Neuanschaffung,
die man vorführen wollte,
mit der man angeben wollte.
Nein,
so richtig unverbindlich plaudern
können die Menschen
heutzutage nicht mehr.
Unsere Kinder
wissen überhaupt nicht mehr,
was plaudern bedeutet.

Anmerkung: Der Begriff »maaien« ist mit »plaudern« nur unzulänglich übersetzt. »Maaien« meint, daß man je nach Bedürfnis, Zeit, Lust und Laune einfach so, ohne die heute üblich gewordene Voranmeldung, bei jemandem vorbeischaut (oft an der Hintertür) und sich spontan mit ihm unterhält, ihm möglicherweise sogar bei der Arbeit hilft, falls der Betreffende gerade beschäftigt ist.
»Maaien« beinhaltete sowohl, daß man sich Neuigkeiten erzählte, daß man sich Rat einholte als auch, daß man sich Kummer von der Seele redete.
»Maaien« ist halt etwas, das es heutzutage nicht mehr gibt.

Irene Siegwart

Kirmes auf der Grenze

Ungewöhnlich, nicht wahr: Kirmes auf der Grenze. Nicht an der Grenze, wie man vermuten könnte. Nein, Kirmes auf der Grenze. Das gab es wirklich. Und in den Erinnerungen meiner Kinderzeit sehe ich die Bilder der Buden und Schausteller ganz deutlich. Und mitten darin die Brücke über die Rossel, der geöffnete Schlagbaum und die deutschen und französischen Zöllner, wie sie an diesen Tagen die Kirmesbesucher allesamt passieren ließen.

Doch in meinen Erinnerungen gehört zu dieser Kirmes auf der Grenze noch etwas ganz privates – mein Geburtstag. Ja, er ist untrennbar verbunden mit der Rosseler Kirmes und den kleinen Grenzorten an dem damals »schmutzigsten Fluß Europas«, mit dem deutschen Großrosseln und dem französischen Kleinrosseln.

Die Kirmes wird auch heute noch in beiden Orten am zweiten Sonntag im Oktober gefeiert. Die ersten bewußten Bilder der »Rosseler Kirmes« dürften sich mir im Jahre 1957 eingeprägt haben, also an meinem dritten Geburtstag. Zu einer Zeit, als wir hier noch das »Saargebiet« waren, mit dem Saarfranken als Währung und einer eigenen Regierung. Auch eine eigene Fußballnationalmannschaft hat es gegeben. Sie hat 1954 bei der Weltmeisterschaft in Bern gegen Deutschland, den späteren Weltmeister, verloren. Ob sie allerdings 1957 noch bestand, kann ich heute nicht mehr sagen, war doch einem dreijährigen Mädchen Fußball – wenn es sich auch um eine bedeutende Mannschaft handelte, die an den Weltmeisterschaftsspielen teilnahm – kein Begriff.

Viel mehr interessierten mich die vielen Buden, das Treiben, das Gedränge der Menschen auf dem Kirmesplatz. Der war damals die Bahnhofstraße, die kurzerhand für diese Festlichkeiten gesperrt wurde. Jedenfalls standen die Buden und Karussells links und rechts und mitten auf der Straße. Die Straßenbahn, deren letzte Station sonst immer in der Bahnhofstraße war, hatte an diesen Tagen die Endstation zweihundert Meter in die Ludweilerstraße vorverlegt.

So konnten die Menschen ungehindert die Buden bestaunen, sich mit dem Mann im Bärenkostüm photographieren lassen, der besonders als Kinderschreck posierte, und sich mit Popcorn oder Zuckerwatte eindecken. Und sie konnten noch etwas, die »Rosseler«, und zwar sowohl die Großrosseler als auch die Kleinrosseler: Sie konnten an diesen Tagen ungehindert die Grenze zwischen ihren beiden Orten passieren. Auf französischer Seite war der Kirmesplatz in Nähe der Grenze, nur 150 Meter entfernt. Auf deutscher Seite führte die Bahnhofstraße direkt zur Rosselbrücke, die gleichzeitig die Grenze zwischen den beiden Gemeinden ist.

Dieser »kleine Grenzverkehr« war wohl einmalig zur damaligen Zeit und sollte es noch bis in die 70er Jahre hinein bleiben. So lange, wie eine Kirmes noch viele Besucher in ihren Bann zog. Zwar verlagerte man bereits Mitte der 60er Jahre den Schwerpunkt der Rosseler Kirmes auf deutscher Seite auf den damals neugestalteten Festplatz »Am Sumpen«, doch weiterhin blieb an diesen Tagen der »kleine Grenzverkehr« im wesentlichen unbeeinträchtigt. Nur für den Autoverkehr war nun die Grenze an diesen Tagen nicht mehr geschlossen. Das Flair unserer Kirmes fehlte von da an ...

Heute versuchen beide Gemeinden etwas von der Stimmung des Festes auf der Grenze wieder einzufangen. Im September, einen Monat früher als die Kirmes, findet nun alljährlich das Dorffest statt. Ein Fest auf beiden Seiten der Grenze und mitten auf der Brücke über der Rossel, die beiden Gemeinden ihren Namen gab.

Der kleine Fluß, der außer den Gemeinden auch die Länder trennt, bildet hier das verbindende Element. Er ist ohnehin nur einige Meter breit, eigentlich eher ein Bach, und man kann sich über ihn hinweg unterhalten, wenn es denn sein müßte. Bei der Saar ist dies schon schwieriger, bei Mosel und Rhein unmöglich. Obwohl auch unsere Rossel sich mit diesen Flüssen messen wollte. Zumindest in den Jahren meiner Kindheit versuchte sie es mit ziemlicher Regelmäßigkeit. Irgendwann im Winter hieß es dann »Land unter« und die Rossel stand fast bis zur Hauptstraße und in den Kellern der Anlieger links und rechts der Grenze.

Mit meinem älteren Cousin stand ich dann ehrfürchtig an dem trockenen Ende der nun überschwemmten Bahnhofstraße und bestaunte das Geschehen. Ich überlegte mir immer, ob unser Haus auch in Gefahr wäre, würde das Hochwasser weiter steigen. Zu meiner Beruhigung kam ich jedesmal zu dem Schluß, daß dies nicht passieren könnte. Außer natürlich, die große Sintflut käme. Denn unser Haus lag auf einem Hügel, einige Meter höher als besagte Bahnhofstraße und somit außerhalb der Gefahrenzone. Beruhigt ging ich wieder zurück in die warme Wohnung.

Ja der Winter, er hielt bei uns immer nach der Kirmes Einzug. Um diese Zeit wurde mir ein neuer Mantel genäht. Als Kind wächst man schnell, so ist jährlich ein neuer Wintermantel fällig. Diesen nähten meine Mutter und meine Tante. Eigentlich war es meine Großtante, also die Tante meiner Mutter. Aber Großtante Anna wurde nur »Tante« gerufen, von mir, meinen zwei Cousinen und meinem Cousin. Tante konnte nähen, war genau wie meine Mutter Schneiderin. So waren die Anproben praktischerweise zu Hause, was ich als Kind aber noch nicht zu schätzen wußte.

Premiere für diesen Mantel war immer Allerheiligen, der 1. November, egal bei welchem Wetter. Ob es vorher kalt war oder am 1. November warm, der Mantel wurde an Allerheiligen zum ersten Mal getragen. Nicht früher und nicht später. Ob es nur zu meiner Kinderzeit so war oder ob es mit heutigen Mängeln in meinem Gedächtnis zu tun hat, kann ich nicht beurteilen. Ich denke immer, daß es damals an Allerheiligen verdammt kalt war. Einmal, daran kann ich mich noch genau erinnern, war alles zugeschneit, als mein Vater mit mir an diesem Tag zum Grab meiner Großeltern nach Quierschied fahren wollte.

Wenn ich das heute so schreibe, »fahren wollte«, denkt jeder an eine Autofahrt. Das war damals ein Traum. Unsere Straße zählte ganze vier Personenwagen. Einen Peugeot, zwei Simca und einen Opel. Ein besonderes Auto war das »Cremeschnittchen«, so genannt wegen seiner an ein Cremeschnittchen erinnernden Form. Ein beliebter, weil kostengünstiger französischer Kleinwagen.

Ein »Cremeschnittchen« hatte auch Familie Spingler. Ein älteres kinderloses Ehepaar, die ich kurzerhand irgendwann als meinen Onkel und meine Tante bezeichnete und dort regelmäßig meine Besuche abstattete. Offenbar hatten sie mich auch in ihr Herz geschlossen. Auf kürzeren Fahrten nahmen sie mich des öfteren mit, und ich saß andächtig und ruhig hinten auf dem Rücksitz, beobachtete die Landschaft und wie mein »Onkel« den Wagen steuerte. Schließlich wollte ich ja lernen, wie man ein Auto fährt, damit ich an meinem 18. Geburtstag den Führerschein würde machen können.

Bis dahin gab es noch einige Überschwemmungen der Rossel, noch einige Kirmesveranstaltungen auf und an der Grenze und schließlich den Wegfall des Schlagbaumes an der Rosselbrücke. So gibt es heute kein Herzklopfen mehr, wenn man mit dem Auto (und mit eventueller Schmuggelware) den Zoll passieren will.

Ob die Anekdote Wahrheit oder nur eine gute Erfindung ist, die in Rosseln immer wieder erzählt wird, weiß ich nicht. Aber ich möchte sie Ihnen nicht vorenthalten, auch wenn sie nur gut erfunden ist. So muß denn in den ersten Jahren nach dem Krieg ein Bergmann aus Großrosseln zur Schonung des Haushaltsbudgets die im französischen Kleinrosseln billigeren Eier gekauft haben. Da ihm kein besseres Versteck einfiel, legte er die Tüte mit dem Dutzend Eier sorgfältig auf seinen Kopf, unter die Kappe. So kam er an die Grenze, wo er sonst fast immer unbehelligt passieren konnte. Die Zöllner kannten mit der Zeit die

Grenzgänger. Aber an diesem Tag – war es die Intuition des Zöllners, eine verräterische Ausbuchtung an der Kappe oder sonst etwas – kam der Zöllner auf den Mann zu und hielt ihn an. Als dieser die Frage nach zu verzollenden Gütern verneinte, klopfte ihm der Zöllner mit Schwung auf die Kappe und der Gute spürte, wie Eiweiß und Dotter an ihm herunterliefen. Ob er die Eier nachverzollen mußte, berichtet die Chronik nicht mehr. Wahrscheinlich hatte der Zöllner ein Einsehen und dachte, daß der Gute durch das Gelächter der Umstehenden genug gestraft sei.

Anmerkung

In der Zeit von 1941 bis 1944 konnte man mit der Straßenbahn von Völklingen über Großrosseln und Kleinrosseln nach Saarbrücken fahren. Lediglich die alte Rosselbrücke mußte, da sie kein Gleisbett besaß, zu Fuß passiert werden, um auf der anderen Rosselseite in die Anschlußbahn zu steigen.

Lange suchte ich nach offiziellen Unterlagen u.a. im Archiv des Saarländischen Landtages, die die Öffnung der Grenze an den Tagen der Kirmes dokumentierten, ohne je eine offizielle Vereinbarung dieser Art zu finden. Erst meine Rückfrage bei Herrn Rudolf Genvo brachte die Erklärung. Diese Art »Kleiner Grenzverkehr« war allein möglich durch eine »nicht-offizielle« Vereinbarung auf unterster Ebene zwischen den Zöllnern von Groß- und Kleinrosseln (Petite Rosselle). Auf deutscher Seite wußte inoffiziell die vorgesetzte Behörde in Saarlouis davon und soll dies toleriert haben mit der Vorgabe, daß Personenkontrollen bei auffälligem Verhalten gemacht werden sollten. Weiter wußte Herr Genvo mitzuteilen, daß der gemeinsame Kirmestermin der beiden Rosselgemeinden durch das Haus de Wendel (Privatgrube Petite Rosselle) erwirkt wurde, da zuvor die Bergleute sowohl während der Kirmes der Gemeinde Großrosseln wie auch während der Kirmes der Gemeinde Petite Rosselle kräftig feierten und dadurch an zwei Tagen der Grubenbetrieb stillstand.

Irene Rickert

Mein »bescht Stick«

Morjen is Sperrmill.
Ich muß et haut noch runna traan un uff de Ströößß stellen. Soll de Sperrmill et morjen methollen, mein bescht Stick. Awwa et hat mich – wes Gott – jetzt lang genuch geärjert. In allen Ecken hinnert et mich.
 Dreimol is et met ma umgezoo. Ämol hat et im Keller gestann, dann um Speicher. Dann hann ich et unnen in de Klädaschrank gestellt, awwa dò hat et ma zuvill Platz weggeholl. Dann hann ich et uff de Klädaschrank gestellt. Dòbei is ma da Griff abgebroch. Awwa dat wär jò net so schlimm.
 Schlimm is, dat et nimme funktioniert, un daß et känen gift, der dat alt Gerät noch reparieren kann.
 Wenn ich et aanmachen un ent von den alten Bännern uffleen, brummt et nur un et rauscht, un et Band dreht sich so schnell, daß ich et von Hand aanhallen muß. Iwwerall hann ich schunn gefrot, ob et noch se flicken wär, doch et gift kään Ersatzdäler meh for so alt Geräte. Ich hätt ma schunn gär en nau Gerät kaaft, awwa et gift se nimme se kaafen. Haut gift et nur noch Kassettenrecorder, un dò kann ich mein alt Bänner net uffleen.
 Vorich Jòar hot mein Kuseng, der hat en bißchen Ahnung von Elektrik, draan rumgebosselt. Dann is et doch tatsächlich nochmol gelaaf, un ich kunnt die alten Sachen heeren.
 »Ich bin ein Berliner«, sogar die Stimm vom Kennedy hot ich uffgeholl un die scheen Mussik von Esther un Abi Ofarim. Stunnenlang hot ich dòmòls am Radio gesitzt und berühmte Stimmen uffgeholl ...
 Leider hot et Gerät no zwoo Daah endgültig de Geischt uffgenn, un ich hann schweren Herzens die alt Bänner in de hinnerscht Ecken vom Vertiko geleet.
 En Philipps Markengerät wòar et, un et hot dòmòls schunn

500 Mark koscht. Ich wòar extra dòfür nò Saarbriggen gefahr. Ich wòar erscht sechzehn, awwa ich wäs et noch, als wär et gischta geween.
Iwwa en Jòar lang hot ich mein Taschengeld gespart. Et wòar die erscht groß Anschaffung von meinem eijenen Geld. Von dahemm hätt ich so großartig Geschenker gar net gridd.
Greilich stolz wòar ich, un wat hot ich en Fräd damet!
Et Gerät hot vier Spuren un uff äna Spul kunnt ma immer nochmol iwwerspillen.
Dreistimmig hann ich druff gesung. Ganze Chöre hann ich zusammengestellt met meiner Stimm. Manchmol ham ma met da ganz Famill druff gesung. Dann sinn ma in de Hausgang gang un hann us uff de Trepp gestellt, wegen dem Schall ...
Mein Oma hat met ner Nylontüt Marschiergeräusche von ganze Musikkapellen nachgemach. Mein Schweschter kunnt täuschend echt Pferdegetrappel uff em alten Holzstuhl machen. Mein Bruder hat met em Mund Trompet gespillt, ohne Instrument.
Am mäschten Spaß hat et ma gemach, wenn ich se belauscht hot beim Kaffetrinken un beim Tratschen.
Mein Kuseng hat etlich Jòar späda abgestritt, daß er met neun Jòar schunn schweinzich Witzen verzehlt hätt. »Dat wär net sein Stimm«, hat er gemennt.
Späda, vill späda hat mein Mäddchen dat Lied vom Negerkönig aus Afrika druff gesung un aach dat Lied vom Schornsteinfeger, der spazierenging.
De Stimm von meim Mann is aach noch uff dem alten Band.
Ich würd se jo gär nochmol heeren ...
Morjen is Sperrmill.
Im Herbscht is nochmol Sperrmill.
Ich menn, ich waaten noch bis zum Herbscht. Dann traan ich mein alt Tonbandgerät runna un stellen et uff de Ströòß – mein bescht Stick.
Dann hat et mich lang genuch geärjert.
Wat soll ich nur met den alten Bännern machen?

Werner Treib

Leben und (L)leben lassen

Wenn heute die Bundes- und Landesregierungen den jungen Menschen den Weg in die Selbständigkeit empfehlen, so erscheint mir dieses wie eine Rückbesinnung auf die »gute alte Saarzeit«, die Frankenzeit.

Die Frankenzeit von 1945 bis 1959. So genannt, weil der französische Franc Währungseinheit und Zahlungsmittel war. Genauer gesagt: Barzahlungsmittel, denn Ratenzahlungen waren an der Saar unbekannt. Zudem war der Franc eine Währung von hoher Kaufkraft. Im grenznahen Zweibrücken entstanden so eine Anzahl von Verkaufsgeschäften, um den zahlungskräftigen Kunden von der Saar alles bieten zu können. Diese profitierten schon vom Umtausch des Franken in die DM.

Wer an der Saar einen Auftrag erteilte, bezahlte seine Lieferanten oder Handwerker in bar – bar auf die ausgestreckte Hand. Ein Malermeister beispielsweise, der eine Fassade verschönt hatte, erhielt seinen verdienten Lohn noch während er sein Gerüst abbaute. Er bekam seine 60.000 Francs aus der Schublade des Wohnzimmerbüfetts. Den Berg- und Hüttenarbeitern wurden zu dieser Zeit Spitzenlöhne gezahlt. Darüber hinaus wurde ihnen Frauen- und Kindergeld sowie ein Lohnsteuerausgleich gewährt. Ihre Bauvorhaben finanzierten sie mit einem Kredit zu 1% Zins. Die meisten von ihnen – vor allem auf dem Land – betrieben eine kleine Landwirtschaft und hielten sich Nutztiere.

Das derzeitige Anerbieten zur Existenzgründung läßt mich, wie eingangs erwähnt, an die Zeit denken, als wir an der Saar über eine exzellente Infrastruktur verfügten. Die vielzitierten »Rahmenbedingungen und Konvergenzkriterien« stimmten absolut. Es gab eine Unzahl von kleinen, sympathischen und gut florierenden Betrieben, Fabriken und Geschäften. Ein glücklicher Zustand, wie man ihn heute händeringend herbeisehnt. Unter anderem boten sieben Brauereien ihr frisches Bier an. Es gab einige Tabak- und Zigarettenfabriken, feine Kaffeeröstereien, Waschmittelhersteller, Fleischwaren- und Konservenfabriken, sechs Lackfabriken, eine Tapetenfabrik, ein Margarinewerk, Möbelfabriken, Kleiderfabriken und eine Schokoladenfabrik, um nur einige Sparten zu nennen. Ergänzend dazu die entsprechenden Großhandlungen.

Was ist geblieben? – Fingernagelstudios, Spaßbäder, Golfplätze und Vergnügungsparks.

Ebenso wichtig und ebenso schmerzlich vermißt: die vielen, vielen Lebensmittelläden, Bäckereien, Metzgereien, Tabakwarenhandlungen, Buchhandlungen, Photographen, Tapetengeschäfte und andere Fachgeschäfte in Städten und Gemeinden.

Beispiel Ensheim: Eine Gemeinde mit damals 3.500 Einwohnern konnte sich fünf Metzgereien, vier Bäckereien, sechs Lebensmittelläden und 12 Gaststätten leisten, von denen die meisten Inhaber vermögend wurden.

Beispiel Hostenbach: Allein hier gab es vier Farben- und Tapetengeschäfte sowie eine Drogerie mit gleichem Sortiment. Apropos Drogerien, sie sind vom Markt verschwunden.

Ich erinnere mich eines Malermeisters in Kostenbach/Wadern. Der Mann hatte zu der Zeit einen kleinen Malerbetrieb sowie eine Gaststätte mit Lottoannahme. Im selben Haus hatte ihm die Kreissparkasse eine Filiale eingerichtet, die er noch nebenbei leitete. Er hielt sich Schweine, bestellte große Kartoffel- und Getreidefelder und erntete sein Spalierobst. Er trug Tausender in Kartons zur Bank.

Was ist geblieben? – Discounter, Filialketten, Internetkaffees, Spielhallen und Kebabbuden.

Es ist zum Weinen.

Marlies Böhm

Der Bunker

Bei einem meiner Spaziergänge verließ ich den Wald nach längerer Zeit wieder einmal in der Nähe meines Elternhauses. Dabei kam ich am Bunker vorbei, jenem Relikt aus der Kriegszeit, das in früheren Zeiten unser Hauptspielplatz war.

Heute ist von dem Bunker so gut wie nichts mehr zu sehen. Brombeerhecken, Gras, Gestrüpp und junge Bäume haben eine undurchdringliche Wildnis geschaffen. Erdaufschüttungen haben den Eingang verschlossen und die früher teilweise sichtbaren Betonmauern zu einem konturlosen Hügel werden lassen.

Von den Kindern und Jugendlichen der heutigen Generation weiß kaum jemand, daß unter jenem Hügel am Waldrand ein Bunker verborgen ist.

Wir Kinder der Nachkriegsgeneration jedoch waren mit jenem Bunker und den übrigen fünf oder sechs, die sich in geringer Entfernung in einer Kette am Waldrand entlang aufreihten, sehr vertraut.

Der Bunker, innerhalb kürzester Zeit von unserem Elternhaus aus zu erreichen, war unser Spielplatz schlechthin. Er war mit Gras bewachsen. Auf der mittleren Plattform stand eine große Eiche mit einem ziemlich mächtigen Stamm und dicken Ästen.

Die älteren Jungen aus der Nachbarschaft hatten an einem der Äste ein dickes Seil mit einem Querholz festgebunden und schwangen sich als wahre Trapezkünstler in weitem Bogen über den Bunkerhügel hinweg. Uns kleinen Mädchen blieb dieses Erlebnis wegen der Absturzgefahr versagt. Lediglich Franz, »großer« Bruder einer »kleinen« Schwester, hatte Verständnis für uns und hob uns manchmal hoch, so daß wir mit den Händen das Querholz fassen und vorsichtig unter seiner Aufsicht hin und her pendeln konnten. Aber darauf waren wir schon mächtig stolz. Zu anderen Zeiten entfernten die Jungen das

Querholz, machten einen dicken Knoten in das Seilende und spielten »Tarzan«.

In warmen Sommernächten bauten die Jungen auf der Plattform ein Zelt auf, übernachteten dort und entfachten natürlich auch ein Lagerfeuer, auf dem sie die tollsten Sachen kochten. Hierbei mußten die Jüngsten, um zu der Ehre zu gelangen mitessen zu dürfen, bei sich zu Hause die diversen Zutaten »organisieren«. Frankie hatte eine verständnisvolle Mutter, die ihrem Sohn eine Menge Proviant mitgab. Robbi hingegen entwendete seinen Tribut, während seine Mutter beim Einkaufen war.

Mädchen waren bei diesen Männerorgien natürlich nicht zugelassen. Wir streiften um den Bunkerhügel herum und schnupperten Essensdüfte.

Einer der Hauptgründe, warum sie uns nicht näher heranließen, war mit Sicherheit die Bierflasche, die sie in der Runde kreisen ließen. Wahrscheinlich fürchteten sie, wir würden sie bei ihren Eltern verpetzen.

Die Lageridylle ging einige Zeit gut. Dann jedoch vergaßen sie, als sie nachmittags zum Schwimmbadbesuch aufbrachen, das Feuer sorgfältig zu löschen. Das trockene Gras fing Feuer, das Zelt ebenfalls. Der nächstgelegene Nachbar alarmierte die Feuerwehr, die den Brand schnell gelöscht hatte. Sämtliche Nachbarn standen am Fuße des Bunkerhügels und diskutierten. Wir fanden die Angelegenheit natürlich äußerst aufregend.

Von da an war es mit der Campingidylle aus und vorbei. Die Großen hatten ein paar Tage lang Sitzprobleme und mieden den Bunker.

Aber schon bald betätigten sie sich von neuem. Sie hatten nämlich entdeckt, daß die schwere Eingangstür nicht verschlossen war. Lediglich ein Haufen Erde, Gestrüpp und altes Laub verhinderte das Öffnen der Tür. Mit Schaufeln und Spaten rückten sie an und schippten den Eingangsbereich frei. Klaus besaß eine Taschenlampe und durfte deshalb zusammen mit dem Mutigsten zuerst das Innere des Bunkers betreten. Eine Vielzahl von Spekulationen, was man wohl im Innern finden würde, war vorausgegangen. Manche vermuteten, es lägen

Waffen darin. Andere redeten gar von Skeletten gefangener Soldaten. Schauermärchen und Gruselgeschichten erzählten sie. Offensichtlich brachte die Expedition aber keine spektakulären Ergebnisse.

Karin erzählte uns, wie ihr großer Bruder zu Hause enttäuscht berichtete, sie hätten nur leere Räume und nackten Beton vorgefunden. Lediglich den Zugang zu einem Schacht, dessen Ausstiegsstelle auf dem Bunkerplateau noch gut erkennbar war, hatten sie gefunden. Sie befreiten den Ausstieg von Gestrüpp und Laub und spielten fortan ausgiebig Nachlaufen und Verstecken auf dem Bunker.

Uns Mädchen erzählten sie natürlich weiterhin Gruselgeschichten zur Abschreckung. Wir schlichen uns indessen seitlich an und versuchten, durch eine Schießscharte einen Blick ins Innere zu werfen. Wir sahen aber nur ein schwarzes Loch. Ab und zu wehte uns aus den Öffnungen Zigarettenrauch entgegen. Aha, sie hatten einen neuen Verwendungszweck! Erste Zigaretten wurden heimlich dort geraucht. Klar, daß sie uns auch hier nicht dabeihaben wollten.

Meine Schulfreundin Christa, die in der Innenstadt wohnte, wo es solche Bunker weit und breit nicht gab, war von diesem Spielplatz ganz fasziniert. Außen herumzuklettern, durch die Schießscharten ins Innere zu schauen, die schwere Eisentür aus der Ferne zu betrachten, das alles reichte ihr nicht mehr. »Ich will auch da hinein«, stellte sie fest. »Den großen Buben ist ja auch nichts passiert. Und Angst habe ich keine.« – »Aber es ist dunkel da drin und wir haben keine Taschenlampe«, entgegnete ich. »Dann holen wir Kerzen mit«, schlug sie vor. Wir organisierten Kerzen und Streichhölzer und vergewisserten uns, daß von den Großen keiner zu sehen war. »Heute sind sie alle im Stadion. Da ist ein Fußballspiel. Mein Bruder ist auch dort«, bemerkte Christa. »Also los!«

Mit vereinten Kräften zweier Mädchen im Grundschulalter zerrten und rüttelten wir an der schweren Eisentür, bis ein Spalt entstand, durch den wir hindurchschlüpfen konnten. Wir zündeten die Kerzen an, die im kühlen Luftzug geheimnisvoll flackerten, und gingen langsam den schmalen Gang entlang. Die Luft war stickig und voller Staub. Wir gelangten in einige Räume, die wie ganz normale Keller aussahen, mit grauen Betonwänden, spärlichem Lichteinfall und verstaubt. »Hier ist das Zimmer, wo sie geraucht haben«, sagte Christa und zeigte auf einen Haufen Zigarettenstummel. Wir stellten uns auf die Zehenspitzen und schauten hinaus. Ein kleines Stückchen Waldweg konnten wir erkennen, sonst nur Gräser und Laub. In einem weiteren Raum fiel ein Lichtschimmer von oben auf den Boden. »Hier ist ein Schacht, der nach oben führt«, stellte ich fest. In der Wand des kreisrunden Schachtes waren eiserne Sprossen eingelassen. Christa löschte die Kerze, stellte sie auf den Boden und kletterte hinauf. Ich folgte etwas zögernd. Wir streckten vorsichtig unsere Köpfe heraus und stellten fest, daß wir uns oben auf der Plattform befanden. »Toll«, sagte Christa.

»Und wegen dieser Sache machen die Jungen so ein Trara«, ergänzte ich. »So was Besonderes ist der Bunker nun auch nicht.«

Wir kletterten im Schacht wieder hinunter, gingen durch die Gänge zum Ausgang zurück und schoben mit vereinten Kräften die Tür wieder zu.

Mit dem Schauermärchen über den Bunker konnten uns die Jungen jedenfalls keine Angst mehr einjagen.

Sie gaben es jedoch nicht auf, uns das Fürchten lehren zu wollen. Großmütig gestatteten sie uns eines Tages, bei ihrem Fangspiel mitzumachen. Natürlich dauerte es nicht lange und sie hatten uns gefangen. »Jetzt kommt ihr ins Gefängnis«, drohten sie und schleppten uns zur Bunkertür. Augenzwinkernd zogen Christa und ich eine Angstshow ab und stießen pseudo-ängstliche Schreie aus, bettelten um Freilassung und gebärdeten uns wie wild. Die »harten Männer« jedoch schoben uns ins Bunkerinnere und drückten die Tür von außen zu. Christa und ich tasteten uns an der Wand entlang vorwärts. Wir hatten ja diesmal keine Kerzen dabei. Nach einigen Orientierungsversuchen fanden wir den Lichtschein des Ausstiegsschachtes. Leise kletterten wir hinauf und krochen durch das hohe Gras bis zum Bunkerrand. Unten waren die Jungen dabei, die Tür mit Steinen und Hölzern zu verbarrikadieren. »Die machen sich ganz schön viel Arbeit«, flüsterte ich. »Und alles nur, um uns zu ärgern und um uns Angst zu machen«, wisperte Christa. »Das schaffen die aber nicht«, fügte ich hinzu. Eine Weile beobachteten wir die Bemühungen. Dann fingen wir an zu kichern, daß das Gras um uns herum zu beben anfing.

Unser Lachen wurde immer heftiger. Wir hatten Tränen in den Augen und bissen uns auf die Finger, um nicht laut herauszuplatzen. Allerdings waren wir vom Entlangtasten an den Wänden ganz schön schmutzig geworden. Aber das störte uns herzlich wenig.

»So, jetzt könnt ihr da drin verrotten«, drohte der Wortführer unten. Anscheinend waren sie fertig mit dem Verbarrikadieren der Tür.

»Ihr elenden Nervensägen! Jetzt kommen die Fledermäuse und fressen euch«, drohten sie.

»Ich kann nicht mehr!« Christa japste nach Luft, so sehr hatte sie das Lachen verbissen. Als die Jungen unten noch weitere großspurige Drohungen aussprachen, lachten wir beide laut los.

»Habt ihr wirklich geglaubt, ihr könntet uns Angst machen?« riefen wir, sprangen auf und hüpften übermütig auf dem Bunkerplateau herum.

»Da hört sich doch alles auf«, grummelte einer der Großen. Dann traten sie den Rückzug an. Die Einschüchterungsversuche haben sie seitdem aufgegeben.

Christa und ich unternahmen in der Folgezeit weitere Expeditionen in die umliegenden Bunker. Aber irgendwie waren sie alle gleich. Trotzdem hatten wir unseren Spaß, wenn wir uns vorstellten, wir erforschten ägyptische Pharaonengräber und ähnliches.

Auch in späteren Jahren war der Bunker unser Spielplatz. Als Winnetou und Old Shatterhand agierten wir dort.

Im Winter, wenn Schnee lag, gab uns der Bunkerhügel genügend Schwung, damit unsere Schlitten auf der leicht abschüssigen Straße, die zum Waldrand führte, ein gutes Stück vorwärts kamen.

Als eines der jüngeren Kinder vom Bunkerplateau hinunterfiel und sich den Arm brach, kamen Arbeiter und zäunten das Areal mit Stacheldraht ein.

Eine Zeitlang schufen wir uns Ein- und Überstiege am Stacheldraht und spielten trotzdem weiter.

Aber irgendwann beschloß die Gemeinde, sämtliche Zeugnisse aus der Kriegszeit entweder zu beseitigen oder zumindest unkenntlich zu machen. Diejenigen Bunker, die weit genug von den Wohnhäusern entfernt waren, wurden gesprengt, die restlichen schüttete man mit Sand und Geröll zu Hügeln auf und bepflanzte sie. Heute sind auch bei unserem Bunker die Erinnerungen an die Spiele unserer Kindheit unter Aufschüttungen und Bepflanzungen verborgen.

Brigitte Sattelberger

Erinnerungen einer Zugereisten

Im zarten Alter von 20 Jahren hätte ich kaum zu träumen gewagt, einmal »Wahl-Saarbrückerin« zu werden. Das Ende des Zweiten Weltkrieges lag gerade acht Jahre zurück, zwei deutsche Staatengebilde waren entstanden: die »Bundesrepublik Deutschland« und die »Deutsche Demokratische Republik«.

Leider gehörte ich zu den Bürgerinnen des untergegangenen »Tausendjährigen Reiches«, die im Osten hinter dem »Eisernen Vorhang« lebten und für die eine Reise ins »Gelobte Land« – den Westen, also in die BRD – von Jahr zu Jahr problematischer wurde. Ich liebte meine Heimatstadt Dresden über alles, auch die Menschen, die dort lebten und die, besonders im letzten Kriegsjahr durch den schrecklichen Bombenangriff vom 13./14. Februar 1945, soviel Trauer und Leid über sich hatten ergehen lassen müssen.

Für mich war Dresden trotz der nicht zu übersehenden Trümmerwüste immer noch eine der kunstsinnigsten Städte Deutschlands. So wie ich, hofften die meisten Menschen, daß sich diese Stadt aus den Ruinen – wie Phönix aus der Asche – erheben und eines Tages zu neuem Leben erblühen möge.

Mein Problem: Ich teilte nicht die Ansichten der Machthaber des kommunistischen Regimes, wollte mich nicht arrangieren und nach dem untergegangenen Nazi-Reich erneut in eine Schablone pressen lassen, nur um mich einer Doktrin dieses Arbeiter- und Bauernstaates unterzuordnen und zu beugen.

Der- oder diejenige, die aufbegehrte, wurde somit zum Klassenfeind erklärt, der bekämpft und vernichtet werden mußte.

Man verweigerte mir von Staats wegen einen Kuraufenthalt im Westen. Trotz dieses Verbotes reiste ich Monate später »unerlaubterweise« heimlich nach Bad Nauheim zu einer Herzkur.

In der Hotelpension, in der ich untergebracht war, nahm ich

zum ersten Mal den Namen Saarbrücken bewußt zur Kenntnis. Zwei Damen, die sich mir gegenüber als Saarländerinnen zu erkennen gaben und die mit mir an einem Tisch saßen, machten mich neugierig auf dieses Land an der Saar, das so abgetrennt vom »Reich« unter französischer Herrschaft stand, fast so abgetrennt wie die »Ostzone« – damals noch nicht anerkannte DDR.

Vom geographischen Standpunkt aus – in diesem Fach war ich auf der Schule keinesfalls ein As gewesen – versuchte ich mir im Geist die große Landkarte vorzustellen. Verdammt, wo lag bloß dieses Saarbrücken? Fragen stellen und mich eventuell unnötig blamieren wollte ich natürlich nicht. Aber so wie Dresden für die beiden Saarländerinnen sehr östlich lag, fast zu Rußland gehörte, schob ich Saarbrücken in unserem Gespräch irgendwo in Richtung Metz, Paris. Wie sonst sollte das Ländchen nach dem Krieg unter französischer Herrschaft stehen?

Aus dem gegenseitigen Abtasten zwischen »den Saarländerinnen« und »der aus der Ostzone« entwickelte sich schließlich eine herzliche Freundschaft. Sie gipfelte darin, daß mich beide Damen am Ende dieses Aufenthaltes baten, meinen nächsten Urlaub bei ihnen in Saarbrücken zu verbringen. Ich nahm diese Einladung dankend und voller Freude an und folgte ihr im Jahr 1955.

Inzwischen hatte ich mich natürlich längst kundig gemacht: Ich wußte genau, wo Saarbrücken lag, und zwar im immer noch von den Franzosen besetzten Saarland, – in einem Land, dessen hauptsächliche Industriezweige der Stahlbau, die Eisenhüttenwerke und der Bergbau waren.

Die erste Fahrt nach Saarbrücken gestaltete sich für mich voller Überraschungen. Im Zug sprach man ganz offen, also ohne Vorbehalte und Ängste über Politik. Ich spitzte die Ohren, lauschte und konnte über die kontroversen Ansichten der Mitreisenden nur heimlich den Kopf schütteln. Immerhin war es kurz vor der »Saarabstimmung«, was aus allen möglichen Plakaten, die auf der Bahnstrecke von der Grenze der BRD ins Saarland überall in Großformat prangten, zu ersehen war.

»Der Dicke muß weg« – »Nein zum Saarstatut«

Wie ich aus den Gesprächen der Reisenden entnahm, ging es um den 23. Oktober 1955, die Abstimmung der Saarländerinnen und Saarländer zum Saarstatut. Was aber bedeutete das? Die einen plädierten für »JoHo« – den damaligen Ministerpräsidenten des Saargebietes und die Proklamation Adenauers für das Saarstatut mit »Ja« zu stimmen. Die anderen, die Mehrzahl der Zuginsassen, behauptete voller Gefühl und aus dem Herzen kommend ganz vehement, daß Adenauer die Saar Frankreich doch nur auf dem »silbernen Tablett« servieren wolle, und sprachen sich für den Anschluß ans »Reich« aus. Immerhin seien sie Deutsche und wollten das auch in Zukunft bleiben. Irgendwie erinnerte mich das an uns, die Menschen in der DDR, die sich ebenfalls von Adenauer verraten und verkauft fühlten. Nur wäre eine so offene Diskussion in der Ostzone – sprich DDR – unmöglich, ja tödlich gewesen, ebensowenig wie geheime Wahlen oder auch nur eine geheime Abstimmung. Die Menschen in der Ostzone hätten ganz sicher wie die Saarländer zu 90% für den Anschluß an die BRD gestimmt. Aber darüber überhaupt nachzudenken, war müßig, denn es gab in der DDR ja nicht einmal Wahlkabinen. Hier hieß es: Wahlkabinen brauchen nur Gegner oder Verräter unseres Arbeiter- und Bauernstaates, und da es diese nicht gab, nicht geben durfte, stand auch das Wahlergebnis von vornherein stets mit 99% »Ja-Stimmen« für diesen Staat fest.

Saarbrücken-Hauptbahnhof. Mir gefiel, was ich sah: die alte Fassade des Bahnhofsgebäudes, die der Krieg einigermaßen verschont zu haben schien. Als mich meine Gastgeber abholten und mit mir im Auto durch die Innenstadt fuhren, waren dagegen die Wunden, die der Krieg geschlagen hatte, noch deutlich zu sehen, wenn auch nicht in dem Ausmaß wie in meiner Heimatstadt Dresden. Noch etwas war anders: Man konnte so gut wie alles kaufen, und das ohne Lebensmittelkarten, einfach frei im Handel. Ich fühlte mich anläßlich des ersten Stadtbummels bei den gefüllten Läden und Schaufenstern im Schlaraffenland. In »Menn's Kaffeebohne« z. B. duftete es nicht nur nach frisch gerösterem Kaffee, auch die Auswahl an Schokolade und Tee lockte zum Kauf, und mir lief beim Anblick dieser Köstlichkeiten das Wasser im Munde zusammen – Genußmittel waren unerreichbar, ein Fremdwort, eine Fata Morgana für DDR-Bürger. Abgesehen von den Lebensmitteln war es der DDR-Regierung bisher nicht einmal gelungen, die Bewirtschaftung für Seife und Waschpulver aufzuheben. In Saarbrücken dagegen wurde dafür sogar Reklame gemacht: »Valan – die Waschmaschine in der Tüte« hieß es auf großen Plakaten, und Männer in blütenweißen Anzügen mit der Aufschrift »Valan« auf der Brust, zeigten sich in den Straßen der Stadt, um dafür zu werben. Hätte mir damals jemand gesagt, daß der Chefchemiker von diesem Wundermittel einmal mein Schwiegersohn werden würde, ich hätte ihn in meinem jugendlichen Leichtsinn ausgelacht. Aber so spielt halt das Leben! Ja, und die Seife zum Händewaschen: sie schäumte, fühlte sich zart und weich an, ganz anders als unsere Tonseife. Sogar Nivea-Creme (natürlich fanzösisch beschriftet) gab es auf dem Markt frei zu kaufen. Gezahlt wurde an der Saar – wie konnte es anders sein – mit französischem Franc, und wer es sich leisten konnte, der fuhr bereits ein »Cremeschnittchen«, wie die Saarbrücker liebevoll den französischen Kleinwagen nannten.

Auch meine Gastgeber besaßen dieses für mich damals außergewöhnlich komfortable Fortbewegungsmittel, mit dem sie mir während der Tage meines Aufenthaltes die Schönheiten ihrer Heimat zeigten: die Saarschleife, Saarlouis, St. Wendel, den Hunsrück, alles herrlich bewaldete Gegenden – nichts zu sehen von Kohlegruben und häßlich rauchenden Schornsteinen! Mir gefiel Saarbrücken. Irgendwie erinnerte es mich – wenn auch im Kleinformat – an meine Heimatstadt, die ja auch eingebettet von einem Strom, der Elbe, ist.

Die Abstimmung war in vollem Gange. Auch meine Gastgeber stimmten für den Anschluß ans »Reich«. Die Konsequenz dieser Abstimmung war schließlich die politische Eingliederung des Saargebietes in die Bundesrepublik Deutschland am 1. Januar 1957. Ich fand das alles toll und beneidete meine Freunde über alle Maßen um diese freiheitliche Entscheidung.

Was mich im Gegensatz zu diesem politischen Erfolg im Saarland aber irritierte, war die Stellung der Frau in der Gesellschaft. Während man sich in der BRD und der Ostzone für die Gleichberechtigung, vor allem für die Erwerbstätigkeit der Frau stark machte – der Wiederaufbau hatte immerhin all die Jahre nach dem Krieg auf den angeblich »schwachen Schultern« des weiblichen Geschlechtes gelastet – schien man im Saarland zu dem alten Schema »Frauen an den Herd« zurückkehren zu wollen. Die politische Repräsentanz der Frauen in wichtigen Entscheidungsgremien war, wie man mir sagte, keineswegs gefragt. Ganz nach den althergebrachten Ansichten schienen sich die Männer sofort die Schlüsselpositionen gesichert zu haben. Die offiziellen Stellen sowie die Verantwortlichen der Nachkriegspolitik zeigten hier ein großes Interesse daran, die »altbewährte Familien- und Gesellschaftsstruktur« wieder aufleben, also die patriarchalisch strukturierte Familie neu erstehen zu lassen, nach wie vor auf dem Prinzip der bürgerlichen Gesellschaft des 19. Jahrhunderts aufbauend: K-K-K – Küche, Kinder, Kirche. Wie sonst konnte so intensiv für »Haushaltsschulen« für Mädchen unter dem Slogan geworben werden: »Mein Heim ist meine Welt«, gerade wie zu Großmutters Zeiten, keineswegs also vorbereitend auf einen ordentlichen, die Frau ernährenden Beruf, sondern wieder auf die untergeordnete Hausfrauenrolle. Ich weiß nicht, warum mir u.a. gerade das so ins Auge fiel und ich mich innerlich dagegen auflehnte. War ich vielleicht doch schon stärker »sozialistisch« infiziert, stärker als ich wahrhaben wollte? Nein, ich glaube eher, es lag an meiner Erziehung insgesamt, alles zu hinterfragen. In unserer Familie hatte es immer nur eine gleichberechtigte Partnerschaft zwischen Mann und Frau gegeben. Sogar ich als Kind – und später als Heranwachsende – hatte stets meine Meinung äußern dürfen, war angehört worden, zur Selbstentscheidung und vor allem zur Übernahme von Verantwortung sehr früh erzogen.

Mein Besuch in Saarbrücken endete mit dem Versprechen, bald wiederzukommen. Daß es das nächste Mal allerdings nicht nur für ein paar Urlaubstage sein sollte, ahnte beim Abschied keiner von uns.

1957 verließ ich meine Eltern, Freunde, Verwandten, meine Heimatstadt Dresden und fand als »sogenannte Republikflüchtige« bei meinen Freunden im Saarland Aufnahme. Politisch war der Anschluß an die BRD zwar vollzogen, aber nicht wirtschaftlich. Das sollte am »Tag X« geschehen. Bis dahin gab es nach wie vor den französischen Franc als Zahlungsmittel. Obwohl es im Saarland eigentlich alles zu kaufen gab und die meisten Menschen die preiswerten französischen Lebensmittel zu schätzen wußten, blickte man sehnsüchtig ins Land des »Wirtschaftswunders«, in die BRD. »Drüben« gab es vor allem Kleidung und elektrische Geräte wesentlich günstiger und von besserer Qualität zu erwerben. Dem Ideenreichtum beim Schmuggeln waren daher keine Grenzen gesetzt, wenn es galt, bundesrepublikanische Artikel »einzuführen«. Besuche bei Verwandten und Kaffeefahrten ins »Reich« dienten im allgemeinen hierzu. Schon kurz vor der Grenze – auch wir fuhren nach »drüben« – befiel uns ein leichtes Kribbeln in der Magengegend. Herzklopfen setzte ein, und ich hatte nur den einen Gedanken, wenn der Zöllner seinen Kopf zur Fensterscheibe des Autos – eines Peugeot 103 – hinunterbeugte, um nach dem Ausweis und eventuell zu verzollenden Waren zu fragen: Lächeln, immer nur lächeln und hoffentlich sieht er nicht, daß ich heute einen neuen Mantel anhabe oder all die Kleinigkeiten der anderen auf dem Rücksitz, mit denen sie sich eingedeckt hatten. Um größere Artikel zu kaufen – der Mantel war eine Ausnahme und einmalige Anschaffung – fehlte mir leider das Geld. Ich hatte eine Stelle als Sekretärin gefunden, verdiente mit 40.000 Franc monatlich verhältnismäßig gut, aber ich mußte hier vollkommen von vorn anfangen, war gerade mit zwei Koffern übergesiedelt. Trotzdem atmeten wir auf, wenn man ohne weitere Kontrolle mit den Worten des Zöllners »Gute Weiterfahrt« seinen Blicken entschwinden konnte. Meinen Freunden dienten solche »Verwandtenbesuche ins Reich« meist zum Schmuggeln von Zigaretten, da diese im Saarland wesentlich preiswerter und somit in der BRD besonders begehrt waren. Obwohl man durch die nach wie vor bestehenden Devisenbestimmungen – sprich Einschränkungen – die Grenze nur mit einer bestimmten Summe an D-Mark überschreiten durfte, gab es wohl keinen »Grenzgänger«, der sich haargenau an diese Verordnung hielt. Die meisten bauten dabei auf ihr Glück. Für jeden Saarländer bedeutete es das reinste Vergnügen, den Zöllner ausgetrickst zu haben. Man betrachtete so etwas als Kavaliersdelikt.

Schließlich und endlich kam der »Tag X«. Wie so viele fuhr auch ich mit meinen Freunden zur Zollstation, schließlich wollten wir dabei sein, wenn sich die Schranken um Mitternacht vom 5. zum 6. Juli 1959 öffneten. Auf der anderen Seite des Grenzüberganges reihte sich ein Lkw an den anderen. Die Schlange der Autos war unübersehbar. »Auf zu neuen – den saarländischen Kunden« hieß es da. Mit dem »Tag X« bekamen wir die langersehnte D-Mark. Der Umtausch erfolgte zwar 1 : 1, aber am Monatsende stellte ich erschrocken fest, daß in meinem Geldbeutel ein ziemliches Loch klaffte. Bei meinem monatlichen Gehalt von bisher 40.000 Franc hatte mein Gehaltsstreifen netto 38.000 Franc ausgewiesen. Jetzt lagen die Abzüge wesentlich höher, die Preise stiegen enorm, was nicht nur für mich eine Einschränkung in vielerlei Dingen bedeutete. Es erfolgte eine für meine Begriffe brutale wirtschaftliche Vereinnahmung. Ein enthemmter kapitalistischer Wettbewerb setzte ein, der nichts mehr mit dem sozialen Anspruch auf Marktwirtschaft zu tun hatte.

Eine Kaufwelle wurde ausgelöst – teils durch den angestauten Bedarf und vor allem durch den Reiz der bundesdeutschen Markennamen. Die bekannten Versandhäuser – Quelle und Neckermann – verschickten ihre Kataloge in die entlegensten Orte und Dörfer. Sie versuchten den Kunden das Kaufen durch Direktbestellung leichtzumachen und sie zu immer neuen Käufen per Ratenzahlung zu animieren. Ob Kühlschrank, Waschmaschine, Fernseher, Bettwäsche, Kleidung etc., es wurde nicht mehr dafür gespart, sondern auf Pump gekauft. Ich erinnere mich gut, daß manche meiner Kolleginnen, die vorher die französiche Butter im Keller kühlten, im neuen bundesdeutschen Kühlschrank nur noch Margarine hatten. Der ersten Euphorie folgte bald eine gewisse Ernüchterung, denn viele Saarländer stellten bald fest, daß das freie Wirtschaftssystem auch Nachteile mit sich brachte. Die neuen Manager und Verkaufsbosse aus dem »Reich« waren oft überheblich und vertraten die Ansicht, daß man den »Saarfranzosen«, die nach ihrer Meinung eh nur von Rotwein und Flit lebten, erst einmal das Arbeiten beibringen müsse. Selbst bei den Versicherungen, die nun auch im Saarland zugelassen wurden, herrschte die irrige Meinung, daß zumindest jeder zweite Saarländer einen Leberschaden hätte, was in den Gesundheitsfragen besonders zum Ausdruck kam.

Nach der Kaufwelle kam die Reisewelle. Sie führte hauptsächlich in den Süden. Rimini wurde zum bevorzugten Urlaubsziel und liebevoll »Saarbrücken 8« genannt. Ob mit dem Bus oder im eigenen Auto, von dem oft nur die Räder bezahlt waren, das Reiseziel hieß Italien – südliche Sonne und blaues Meer.

Auch ich hatte Wünsche und Träume. Leider konnten die meisten aus finanziellen Gründen nur sehr langsam realisiert werden: die erste Waschmaschine 1960, die erste Reise in den Süden 1964.

Mit dem Anschluß ans »Reich« veränderte sich auch bald das Bild der City. Noch fuhr die altbewährte, umweltfreundliche Straßenbahn gemütlich bimmelnd vom Bahnhof am Kaufhaus »Walter« vorbei in die »Rue«, in die Bahnhofstraße. Von dort ging's weiter durchs Nadelöhr am St. Johanner Markt in die Mainzer Straße. Die Hektik nahm zu, Provisorien und alte Häuser wurden abgerissen, Neues gebaut – viereckige Kästen mit riesigen Platten als Fassadenverzierung, Kaufhäuser genannt. Über Geschmack – nicht nur in der Architektur – läßt sich ja bekanntlich streiten. Vieles, was entstand, war für meine Begriffe nicht schön, aber eben modern. Meine Freunde hatten immer von dem besonderen Flair der »Rue« mit deren Tanz- und Musikcafés vor dem Krieg gesprochen. Viel war auch davon nicht mehr übrig geblieben, und die wenigen, z.B. das »Café Kiwitt« oder das »Sartorio«, in denen ich gern einmal entspannte, fielen Baumaßnahmen zum Opfer. Auch das »Café Ludwig« mit seiner

Empore und deren Intimität verschwand ebenso wie viele andere. Das große Sterben der kleinen Geschäfte begann. Selbstbedienungsläden und Stehcafés schossen dafür wie Pilze aus dem Boden. Saarbrücken bekam seine Stadtautobahn. Die Menschen zogen ins Grüne, in die Außenbezirke und die früher belebte, bewohnte Innenstadt wurde zu einem Areal von Büro- und Kaufhäusern, die eigentlich nur in der Zeit von neun Uhr morgens bis zum Ladenschluß noch mit Leben erfüllt waren.

Ich heiratete, wählte mein Domizil in Klarenthal, wo ich erst durch meine Schriftstellerei nach fast 30 Jahren »eingemeindet« und somit zur Saarländerin wurde.

Die Jahre vergingen. Nachdem die Straßenbahn den Bussen Platz gemacht hatte, die Fastnachtsumzüge durch die Bahnhofstraße mit ihren Prunkwagen und Tollitäten längst dem Rotstift zum Opfer gefallen waren, kamen Mitte der 90er einige Herren unserer Regierung auf die glorreiche Idee, daß die Bahnhofstraße umgestaltet werden müsse, um mit der Zeit zu gehen. Koste es, was es wolle, der Bürger zahlt ja – in finanziell angespannten Zeiten besonders gern! Die Bahnhofstraße wurde zur Fußgängerzone, die Busse verbannte man in die Umgehungsstraßen, und ein paar besonders Schlaue unserer Politik sorgten für Arbeitsbeschaffungsmaßnahmen mit dem Bau einer neuen City(Straßen)-Bahn. Es wurde viel geschimpft, aber die SaarbrückerInnen schätzen die S-Bahn zwischenzeitlich ebenso, wie es die Besucher unserer Stadt tun. Nichts gegen eine Fußgängerzone, andere Städte haben sie ja bereits seit mehr als 20 Jahren! Die Pläne für Saarbrücken zeigten eine begrünte »Rue« mit Sicht von der Bergwerksdirektion bis fast zum St. Johanner Markt. Ich selbst bin ein Großstadtkind und habe mir in Gedanken vorgestellt, wie schön es wäre, in einer verkehrsfreien Zone mit Freunden unter Bäumen zu lustwandeln, einzukaufen, Kaffee zu trinken.

Leider sind das Illusionen geblieben, denn die Sicht in der Fußgängerzone wurde verbaut. Die Bahnhofstraße entwickelte sich für meine Begriffe keineswegs zu einer sehenswerten, prächtigen »Rue«, sondern mehr zu einer »Freßzone« mit Jahr-

marktcharakter, wobei in den kleinen Geschäften mehr und mehr der Pleitegeier ein- und ausgeht, was einen sehr traurig stimmt. Aber, wie sagte man schon zu Zeiten Roms, wenn die Steuern erhöht, der Gürtel des *kleinen Mannes* enger geschnallt werden mußte?
»Gebt dem Volk Spiele.«
Ich mag Saarbrücken – meine zweite Heimat – und gebe die Hoffnung nicht auf, daß aus der Bahnhofstraße vielleicht doch noch einmal die vielgepriesene »Rue« mit Flair wird.

Irene Siegwart

Tante auf Saarländisch

»Ihr sin verwand?« entfährt es spontan Herrn Pirrung, wie er bemerkt, daß sich der Inhaber des Fotogeschäfts und ich uns in der Unterhaltung duzen.

»Es Irene unn isch, mier sinn verwand«, bestätigt Willi, während ich zustimmend nicke. »Ei saamò, das hann isch jò gaar nidd gewissd?« bohrt Herr Pirrung, als wäre er auf einer interessanten Spur.

»Also«, beginne ich die Familiengeschichte, »mei Mudder ihr Bruuder, demm sei dswädd Fraa, das iss die Schweschder vum Willi seim Vadder.«

Herrn Pirrungs Gesicht legt sich in bedeutungsvolle Falten, langsam geht sein Blick zurück zu meinem Verwandten, während seinem Mund ein »hm – ahha« entströmt. Dabei nickt sein Kopf, was sowohl Zustimmung zu der für ihn neuen Tatsache unserer Verwandtschaft signalisieren, als auch den Umstehenden bedeuten soll, daß er die Familienverhältnisse nun richtig überblickt.

Derweil überlege ich mir, ob ich nicht einfach hätte sagen können: »Mei Tande iss aach em Willi sei Tande.« Aber dann wären Herrn Pirrung ja wesentliche Details unserer weitläufigen verwandtschaftlichen Beziehungen entgangen. Und – als Saarländer nimmt man es mit solchen Dingen schon genau.

Daß der Vater von Willi aber eigentlich nicht dessen Vater, sondern sein Pflegevater ist, das habe ich dem Herrn Pirrung vergessen zu erzählen, aber dafür sage ich es jetzt Ihnen. Vielleicht können Sie es dem Pirrung beim nächsten Mal sagen, wenn Sie ihn mal wieder sehen.

Allee dann, bis e annermò!

Irene Siegwart-Bierbrauer

Nachwort

Lange schon bestand bei uns der Wunsch, wieder gemeinsam eine Anthologie zu veröffentlichen. Aber es sollte eine Anthologie sein, die sich von den üblichen unterscheidet, die anders ist, persönlicher, die das Saarland widerspiegelt. Und hier, zum Thema Saarland, sollten es nicht nur Texte sein, es sollte auch bildlich eine Gestaltung erfolgen, subjektiv, so, wie auch die Texte rein subjektiv das Empfinden spiegeln.

Fast die Hälfte der Mitglieder unseres Landesverbandes haben sich spontan bereiterklärt und Arbeiten zur Verfügung gestellt. Eine erste Vorauswahl und Lektorat übernahm noch unsere Ehrenvorsitzende Frau Lisa Stromszky-Stockhausen, die leider inzwischen verstorben ist. Ihr Vorwort konnte sie nicht mehr fertigstellen. Ihr gilt, nicht nur für ihre Arbeiten an diesem Buch, unser aller Dank.

Die Zusammenarbeit mit den Autorinnen und Autoren sowie dem Verlag, hier sei besonders Herr Breuer von der éditions trèves genannt, gestaltete sich angenehm. Daß unser Anspruch, eine bebilderte Anthologie herauszugeben, mehr Zeitaufwand erforderte, als die Herausgabe einer Anthologie, welche nur Texte enthält, schwante mir bereits. Jedoch der Reiz, einmal Neuland zu betreten, war größer, und so opferte ich Nachmittag für Nachmittag, telefonierte und fuhr durchs Saarland, um das Bildmaterial zusammenzusuchen, wie es im Buch nun zu sehen ist. Dabei entdeckte ich manch Histörchen, viele bewahrenswerte Geschichten, die hier leider nicht in das Buch eingehen konnten, da sie einen eigenen Band füllen würden.

Den vielen Helfern, die uns zu Bildmaterial verhalfen, sei hier an dieser Stelle herzlich gedankt:

Historisches Museum Saarbrücken
Frau Talkenberg-Boddenstein, Herr Ames
Heimatkundlicher Verein Warndt
Herr Desgranges, Herr Rudi Genvo, Herr Stefan Hoff, Herr Norbert Stutz
Archiv des Saarländischen Landtages
Frau Himbert Schäfer, Herr Dr. Lomparski, Herr Linnenberger
Kontour Saar
Frau Feickert
Touristikzentrale Saar
Frau Renk

Weiter gilt unser Dank für die finanzielle Unterstützung, ohne die dieses Buch nicht hätte erscheinen können:
Ministerium für Bildung, Kultur und Wissenschaften des Saarlandes
Herr Dr. Hansjörg Müller und Frau Dr. Stienke Eschner
Saar Toto GmbH
Saarland Spielbank GmbH

Nicht zuletzt danke ich auch den Mitgliedern des FDA, die bereit waren, an der Gestaltung des Buches mitzuwirken und sich auch mit persönlichem Engagement einbrachten. Hier seien besonders erwähnt Frau Brigitte Sattelberger und Frau Dolly Hüther, denen unser Dank gilt.

Ich wünsche Ihnen, ob Sie nun im Saarland wohnen oder – wie man hierzulande zu sagen pflegt – aus dem »Reich« sind, daß Sie unser Buch mit Freude und Interesse lesen und sich dabei ein klein wenig bei uns »dahemm« fühlen.

Irene Siegwart-Bierbrauer
1. Vorsitzende des Landesverbandes Saarland
des FDA Freier Deutscher Autorenverband e.V.

Über den FDA

Unser Landesverband wurde 1981 von sieben Autorinnen und Autoren gegründet und ist inzwischen auf 31 Mitglieder angewachsen. Somit ist er im Verhältnis zum übrigen Bundesgebiet mit gut 2000 Autorinnen und Autoren überproportional stark vertreten. Dies ist nicht zuletzt ein Verdienst unserer Gründungsvorsitzenden Lisa Stromszky, die bis 1992 den Vorsitz innehatte.

Unsere Mitgliederstruktur ist gemischt wie auch die Palette der Schreibenden gemischt ist. Von der Lyrikerin über den Romanautor, dem Verfasser von Haikus bis zur Mundartautorin ist alles vertreten. Unsere Mitglieder sind größtenteils nebenberufliche Autoren. Wir finden neben dem Hüttenarbeiter den Akademiker, die Pädagogin sitzt neben dem Journalisten. Alle aber haben eines gemeinsam, die Liebe zur Literatur, die Gabe, schreiben zu können. Dies verbindet.

Schreiben – ein gemeinsames Geschäft. Früher sah man den Dichter im Elfenbeinturm, auch ein einsamer Punkt. Heute sitzt er vorm PC. Ebenso einsam. Alleine mit seinen Ideen, die langsam Form annehmen und ihm/ihr Gesellschaft bieten, das Leben bereichern, selbst Leben annehmen. Anregung, Austausch und somit Verständnis, geistige Heimat für den Autor, dies bieten Treffen mit Gleichgesinnten. Dies zu bieten, bemüht sich unser Landesverband. Unser Jour fixe ist der zweite Dienstag im Monat. Kollegiales Gespräch und auch Kritik, sowie Ideenschmiede sind diese Treffen. So kam auch seinerzeit die Idee zu dieser Anthologie an einem dieser Treffen zustande. Daneben veranstalten wir regelmäßig Lesungen. Kontakte bestehen zu vielen AutorInnen im übrigen Bundesgebiet, aber auch bis ins Ausland, so z. B. nach Ungarn und Polen. Auch aus diesem Grund hat unser Landesverband die Gelegenheit erhalten, den V. **Europatag des FDA** in Saarbrücken für den Bundesverband auszurichten. An Veranstaltungen des Bundesverbandes nehmen regelmäßig Mitglieder unseres Landesverbandes teil.

Die AutorInnen

Béla Bayer
wurde 1951 in Südungarn geboren, lebt in Homburg/Saar. Als Mitglied des ungarischen Schriftstellerverbandes sowie des Freien Deutschen Autorenverbandes (FDA) schreibt er seit 1968. Es erschienen von ihm 19 Eigenbände, davon 14 in Ungarisch.

Marlies Böhm
Geboren 1952 in Dillingen, wo sie noch heute mit Mann und zwei Kindern lebt. Sie ist Lehrerin an einer Grundschule und schreibt seit ihrem 16. Lebensjahr Gedichte, Essays, Erzählungen, Glossen und Sachtexte, die in verschiedenen Zeitschriften und Anthologien veröffentlicht wurden.
Ihr Hauptanliegen ist, die Mundart aus der Nostalgie- und Witzecke herauszulösen. Seit 1980 gehörte Sie viermal zu den Gewinnern der Mundartwettbewerbe von SR und Saar-Bank.
Veröffentlichung: *Feelings*, Gedichte für Kinder im Grundschulalter. Rüdiger Kohl Verlag.

Erika Dietrich
Geboren vor 70 Jahren in Hohenelbe im Riesengebirge. Nach der Vertreibung aus dem ehemaligen Sudetenland in die Mark Brandenburg Ausbildung zur Volksschullehrerin, anschließend Studium der Pädagogik, Psychologie und Psychopathologie an der Humboldt-Universität Berlin, wo sie das Staatsexamen für das Lehramt an Sonderschulen ablegte.
1958 flüchtete sie mit Mann, zwei kleinen Söhnen und ihren Eltern aus politischen Gründen ins Saarland, wo sie als Oberlehrerin an einem Gymnasium in Neunkirchen unterrichtete.
»Allen meinen geliebten Schulkindern, meiner lieben Tochter, einer gebürtigen Neunkircherin, meiner guten, tüchtigen Schwiegertochter, einer Saarländerin, ganz besonders aber meinen herzigen Enkelkindern Marcel und Madeleine verdanke ich es, daß mir das Saarland Heimat geworden ist.«

Josef Gillet

Geboren 1917 in Püttlingen. Ab dem 14. Lebensjahr Hüttenarbeiter im Stahlwerk Röchling in Völklingen, mit 21 Abschluß einer Lehre als Chemielaborant. Danach Abitur. Im Krieg Kampfflieger und Navigationslehrer, englische Gefangenschaft. Anschließend Ausbildung zum Lehrer, ab seinem 34. Lebensjahr Schulrektor in Walpershofen, Dillingen, Riegelsberg und Heusweiler. Verheiratet, 5 Kinder.
Später Studium an der Universität des Saarlandes, Magisterexamen. Dozent an der Pädagogischen Hochschule des Saarlandes und an der Fachoberschule für Sozialwesen in Saarbrücken.
Ab dem 29. Lebensjahr Heimatforscher mit zahlreichen Veröffentlichungen. Weiterhin Autor von Schulbüchern. Schrieb seit seiner Jugend bundesweit anerkannte Gedichte, in denen er auch seine persönlichen Gefühle zum Ausdruck brachte.
Josef Gillet starb am 27. November 2000.

Vera Hewener

Geboren 1955 in Püttlingen, Schriftstellerin, Dipl.-Sozialarbeiterin. Zahlreiche Veröffentlichungen in Zeitschriften für Kunst, Kultur und Literatur, Kalendern, literarischen Flugblättern sowie in 26 Anthologien im In- und Ausland. Außerdem Rezensionen, Redaktionsarbeit und divere Fachpublikationen. 6 Einzeltitel, zuletzt: *Vermißtenanzeige*, Lyrik und Prosa; *Lichtflut*, Reisenotizen.
Zwischen 1995 und 2001 mehrere Literaturpreise in Italien, u. a. als bester ausländischer Beitrag beim Internationalen Literaturwettbewerb »Nuovo Millenio« der Associazione Avvenire D'Abruzzo, Luco di Marsi, 2000.

Rosemarie Hoffmann

Geboren 1933 in Nalbach/Piesbach. Schrieb mit 17 Jahren ihre ersten Gedichte und veröffentlichte mit 22 Jahren ihren ersten Beitrag im Saarländischen Rundfunk. Mit 40 Jahren begann sie, für den katholischen Digest Leserbriefe zu schreiben.
Seit 1985 bis heute verfaßte sie 180 Anthologiebeiträge und veröffentlichte sechs eigene Werke. 1997 und 1998 beim Concorso Internationale di Poesia in Benevento/Italien ausgezeichnet mit dem Preis »Diploma di merito speziale conferito alle Poetessa«.

Dolly Hüther
Geboren 1932, Frau, Rentnerin, Studierende, Erzählerin, Saarländerin, Deutsche, Europäerin, feministisch, kritisch, politisch, poetisch.
Zahlreiche Veröffentlichungen, zuletzt: *Dolly ess dei Supp*, Morlant Verlag, Bad Homburg, 2001.
Der Text »Valan- Die Waschmaschine in der Tüte« ist entnommen: *Zwischen Saar und Aschbach*, Beiträge zur Kulturgeschichte von Gersweiler und Umgebung. Heimatkundlicher Verein Gersweiler-Ottenhausen, 1998.

Kurt Jungmann
Geboren 1931 in Saarbrücken. Mit Ausnahme von zwei Evakuierungen und einem Volltreffer auf das Elternhaus Kindheit, Jugend und Schule in Malstatt und auf dem Rodenhof in guter Erinnerung. Dem Ernst des Berufslebens dann im Lehrerseminar Lebach begegnet. Im Schuldienst von 1952 bis 1991, dessen Strapazen er ohne seine Frau und seine beiden Söhne nicht ertragen hätte.
Viele journalistische Beiträge, veröffentlichte Kurzprosa und erlernte nebenher das Metier des Redakteurs und des Layouters. Schrieb Schulfunksendungen zur Heimatkunde und Hörspiele in saarländischer Mundart. Trägt seit mehr als 30 Jahren bei Organisationen der Erwachsenenbildung aus seinen Sammlungen vor.
Bisher fünf Bücher veröffentlicht: *Aus Gruben und Stuben; Saarbrigger Stigger; Anglerkrach in Kohlenbach; Pastöre, Pänz und Pensionäre* und *An der Saar gefonn*.

Theophil Krajewski
Dr. med, wurde 1916 in Neunkirchen geboren. Studierte Medizin, Psychotherapie und Philosophie in Berlin. Im 2. Weltkrieg Truppenarzt in einer Panzer-Division an der Ostfront. Nach Rückkehr aus der Kriegsgefangenschaft Oberarzt an einer Universitätsklinik. Nach sieben Jahren ließ er sich als Facharzt in einer saarländischen Stadt nieder.
Zahlreiche wissenschaftliche Arbeiten in medizinischen Fachzeitschriften. Neben Rezensionen und journalistischen Arbeiten veröffentlichte er Lyrisches in Anthologien, Jahrbüchern, Sammelbänden und literarischen Zeitschriften.

Publizierte sechs Lyrik-Bücher: *Der Rosenhag; Die Blaumeise; Der Sichelmond; Der Augenfalter; Der Birkenschleier* und *Die Duftwolke*.
Erhielt in einem Rosen-Lyrik-Wettbewerb die Medaille »Unsterbliche Rose«.

Lars Larsen

1948: Roman *Liebe, Fluch und Leidenschaft* bei Edition du Rhin Straßburg. Lokalspitzen, Glossen und Kurzgeschichten für die SZ-Unterhaltungs- und Feuilletonseiten in unregelmäßigen Abschnitten. Kurzgeschichten auch in der Nürnberger, Braunschweiger Zeitung und anderen Zeitungen veröffentlicht.
1955: *Besiegtes Schicksal,* Grenzlandnovelle (SZ), Hörspiel, gesendet im SR.
1986: Märchen verlegt beim Deutschen Theaterverlag, Weinheim.

Hans Löw

Geboren 1927 in Wadgassen. Absolvierte Volksschule und Gymnasium in Bad Homburg v. d. Höhe und Völklingen. Studierte nach dem Abitur in Nancy und Saarbrücken Jura, Volkswirtschaft und Literatur. Licence en Droit. Wohnt heute in Wadgassen-Schaffhausen.
Von 1971 bis 1984 Dozent KVHS. Historische und literarische Veröffentlichungen.

Martina Merks-Krahforst

1960 in Düsseldorf geboren, schon früh in die Garnisonsstadt Mendig verpflanzt, um 1979 nach dem Abitur in Andernach der Liebe wegen »fast in Frankreich« zu landen.
Erste lyrische Ambitionen während der Schulzeit verstärkten sich im Laufe der trockenen Ausbildung zur Verwaltungsbeamtin. Ende der 80er Jahre kam der Entschluß, die Gedichte öffentlich zu machen, was 1991 einen nationalen Lyrik-Preis und 1998 einen internationalen (der Accademia d'Europa, Neapel) einbrachte.
Drei Lyrik-Bücher sind inzwischen erschienen: *Desmaskerade,* 1990; *Nachtsilben – Syllabes de Nuit,* zweisprachig, 1991; *Zornige, zärtliche Zeit,* 1998.

Ursula Quirin
Geboren 1944, Studium in Saarbrücken, seit 1968 im saarländischen Schuldienst. Verheiratet, lebt in Saarlouis.
Lyrik-Veröffentlichungen seit 1988 in Tageszeitungen und Zeitschriften, Beiträge in acht Anthologien (zuletzt in *Glashaus,* Gedichte saarländischer Autoren, Wassermann Verlag).
Einzelveröffentlichungen:
Zeitzünder, Internationaler Literatur und Lyrik Verlag, 1989
Tiefausläufer, Internationaler Literatur und Lyrik Verlag, 1992
Ursula Quirin ist am 13. Juli 1999 gestorben.

Irene Rickert
Bin Saarlouiserin, habe fünfzig Jahre auf dem Buckel und dreizehnjährige Tochter an meiner Seite. Bin Verwaltungsangestellte, verwitwet und schreibe gerne ... mal reißend-beißend, mal leise-flüsternd.
Manchmal/ schreibe ich/ für die Saarländer/ – mal saarländisch/– manchmal sogar in »Hochdeutsch«// Manchmal/ schreibe ich/ für meine Schublade// Dann wird das Wort/ zum lieben Freund/ trägt mich/ – mal in ferne Welten/ – mal zurück nach Hause// ins Saarland.

Brigitte Sattelberger
1933 in Dresden geboren, erlebte die Zerstörung der Stadt in der Nacht vom 13. zum 14. Februar 1945, mußte 1957 in den Westen flüchten und lebt seitdem in Saarbrücken.
Publikationen: *Dresden mon amour – ein deutsch-deutsches Frauenschicksal; Das geschenkte Jahr – Eine Kur in Davos vor hundert Jahren; Eine Frau will nach oben, ... doch der Teufel hat die Hand im Spiel; Der große Santini – Aufstieg und Fall des Dresdner Tenors; Ein Meisterschuß – Elsa Santini zwischen Kaiserzeit und Inflation.* (Alle: Echo Verlag)
Seit 1997 Mitglied des FDA, seit 1998 2.Vorsitzende des FDA Saarland.

Irene Siegwart-Bierbrauer
Geboren 1954, Bankfachwirtin, 8 Jahre Geschäftsstellenleiterin einer Bank. »Durch meinen verstorbenen Mann, Albert Bierbrauer, kam ich

zum Schreiben und so änderte er nicht nur mein Leben, sondern auch meinen geistigen Horizont.« Ihre Liebe zu Zahlen blieb zwar (Fachjournalistin zu Bankthemen, Schatzmeisterin des FDA-Bundesverbandes und des Förderkreises Freie Literatur), wurde aber durch den neugewonnenen Zugang zu Prosa und Lyrik bereichert. Parallel dazu kam die Teilnahme an einem privaten Entwicklungshilfeprojekt im Punjab/Indien, das Einblick in das Privatleben von Hindus und Sikhs bot – und in das Leben von Bienenvölkern. Das Entwicklungshilfeprojekt förderte nämlich den Aufbau und die Verbreitung privater Imkereien.
»Mein Privatleben teile ich mit Seppel, einem 18jährigen Kater, und mit dem FDA. Soweit ich dann noch Zeit habe, komme ich auch ab und an noch zum Schreiben, zum Lesen und betrachte mir die Sterne, denn Astronomie ist ein weiteres Hobby.«

Werner Treib
Als er 1936 auf die Welt kam, und man ihm sagte, er sei in Saarlouis, war er heilfroh. Dies brachte er dann auch zum »Ausdruck«.
Ein Cousin von ihm trägt den Vornamen Walter, nach Walter von der Vogelweide. Seine Eltern nannten ihn Werner, ohne die Vogelweide zu erwähnen.
Fünfmal war er Preisträger beim Mundart-Wettbewerb des Saarländischen Rundfunks.
Von Werner Treib gibt es vier Kinderbücher, ein Mundartbuch mit Anekdoten, ein Buch mit Satiren und Persiflagen sowie eine Anthologie. In anderen Anthologien sowie Zeitungen und Zeitschriften ist er mit Beiträgen vertreten.

Victor Herrlich
Inständig leicht
Lyrik
ISBN 3-923261-84-5

Mit unnachahmlichem Gespür für Stimmungen ist Herrlich auf der ewigen Suche nach dem Glück des Augenblicks. In kindlicher Anschauung erlebt er staunend und öffnet sich vorurteilslos den Zeichen dieser Welt – unbeirrbar, irrwitzig, schwerelos.

Gila Gordon
Gespür für Glück
Lyrik
ISBN 3-923261-79-9

Ein lebendiges Kaleidoskop menschlicher Emotionen, ein üppiger Fundort für Tollheit und Trauer, Weigerung und Lust. Mit geschärftem Blick gefangen, gefiltert, gedichtet.
Komprimiert in der Form, überquellend im Inhalt.

Reinhold Temmes
Schlaraffenland oder **Das Paradies war niemals mit Menschen bevölkert**
Lyrik
ISBN 3-923261-85-3

Messerscharfe Analysen der gesellschaftlichen Weltlage in poetischen Formen. Ob zur Sinnentleerung zwischenmenschlicher Beziehungen oder zur Irrsinnigkeit von Kriegen: aufsässig, provokativ, herausfordernd.

Charlotte Jugel
Knicks und sag danke
Lyrik
ISBN 3-923261-78-0

»*Ihre Lyrik erfreut nicht nur mit wundervollen Bildern, ... sondern zieht auch mit einer schnörkellosen Sprache und unbeirrbarer Ausdruckskraft Gedichteliebhaber in ihren Bann.*«
(Offenbach-Post)

Susanne Müller-Kölmel
Eine Frau ist eine Frau ist eine Frau
Lyrik
ISBN 3-923261-83-7

Die »Kraft der Veränderung«, das ist der Schlüsselbegriff im Erstlingswerk von Susanne Müller-Kölmel. Sie zeichnet dabei tiefe Seelenbilder eines Frauenlebens – individuell, doch immer nachvollziehbar und übertragbar.

Reinhold Temmes
Ein Freund ist jemand, der vorbeikommt, wenn er Probleme hat
Aphorismen
ISBN 3-923261-73-X

Es ist eine Kunst, so pointiert zu formulieren. Ein außerordentliches Lesevergnügen.
»*Ein kleines Buch mit großer Wirkung.*«
(Trierischer Volksfreund)

verlag kleine schritte

Medardstr. 105 – 54294 Trier
Tel 0651 - 300 699 – mail@kleine-schritte.de – www.kleine-schritte.de

Paula de Lemos
Sabotage in Blau
Erzählungen und Gedichte
ISBN 3-88081-444-9

Paula de Lemos, geboren 1962 in Lissabon, hat Lusitanistik, Germanistik und Vergleichende Literaturwissenschaften an der Universität Lissabon studiert. Nach ihrer Tätigkeit an der Universität Trier arbeitet sie nun an der Universität Saarbrücken. Die Portugiesin leugnet ihre Herkunft nicht und ist doch Kosmopolitin. Sie versetzt sich genauso mühelos ins Hirn des luxemburgischen Großherzogs wie in das einer griechischen Göttin, jongliert gekonnt mit der deutschen Sprache und landet immer wieder am Meer in Portugal, dem Hort ihrer Kindheit.

Zahlreiche Veröffentlichungen auf Portugiesisch und mehrere Auszeichnungen zeugen von ihrer poetischen Schaffenskraft: Die erste Auszeichnung bekam sie 1984 für die Erzählung »Para Além do Tempo«.

Ihre erste Kurzgeschichte in deutscher Sprache, »Mélusine oder das Rätsel der Schöpfung«, hat den 1. Luxemburger Literaturpreis bekommen. In Zusammenarbeit mit Marga Romero veröffentlichte sie vor kurzem in Galizien ein Buch mit erotischen Gedichten.

»Sabotage in Blau« ist ihre erste Buchpublikation in Deutsch: eine eigene kraftvolle Welt aus Kurzgeschichte, Poesie und Krimi.

»*Meisterin der Kurzprosa.*«
(Radio 22)

Michael Maien
Der süße Duft des Abschieds
Roman, ISBN 3-88081-446-5

Venedig zur Karnevalszeit, der ideale Schauplatz. Das Spiel der Masken, ausgelassenes Treiben, die Diskrepanz zwischen Schein und Sein. Mit dem Auftrag, ein Drehbuch zu verfassen, kehrt der Protagonist des Romans in jene Stadt zurück, in der er Gina zum letzten Mal sah. Über ihre Beziehung zueinander will er schreiben, rätselhafte Vorgänge lösen, die sich wie ein Schatten über ihre Liebe legten ...

Der süße Duft des Abschieds, eine surreale Geschichte um Liebe, Eitelkeit, Affären und Vergangenheitsbewältigung. Wie nebenbei entsteht ein Bild jener Zeit vor 30 Jahren. Geisterhaft, für die Dauer eines Blitzlichts erscheinen sie noch einmal vor uns, die Stars von damals: Romy Schneider, Horst Buchholz, Sophia Loren, Curd Jürgens, Rock Hudson, Klaus Kinski, Rainer Werner Faßbinder, Oswald Kolle u.v.a.

Michael Maien weiß, wovon er schreibt. Er kannte sie alle – als Freunde, als Weggefährten, als Vorbilder. Heute freier Schriftsteller, war Maien selbst in den 60er und 70er Jahren als Schauspieler (u.a. *Wälsungenblut, Der Kommissar, Der Alte*) und Drehbuchautor (u.a. *Der letzte Report*) erfolgreich, hat die Welt des schönen Scheins von innen kennengelernt und sie nun in einem Roman zu seiner Kulisse gemacht.

éditions trèves
Postf. 1550, 54205 Trier, Tel 0651 - 30 90 10, mail@treves.de, www.treves.de

Roland Herden
Nibelungen-Rallye
Kriminalroman, ISBN 3-88081-229-2

Fetziger Kriminalroman aus dem Ruhrgebiet. Schräge Agenten, Kunstdiebinnen, internationale Hehler, Archäologen und ein argloser Vater mit seiner Tochter auf der Jagd nach dem Nibelungen-Schatz. Bei Ausschachtungsarbeiten zu einem U-Bahntunnel in Duisburg taucht plötzlich ein ganz besonderer Harnisch aus vergangenen Tagen auf. Kunstdiebe und BND sind sofort auf dem Plan und durcheilen eine abwechslungsreiche und wilde Rallye.

Dieter Schmidt
Big Deal oder
Der Stecher von Mainz
Kriminalroman, ISBN 3-88081-228-4

Hausmeister und Privatdetektiv Karl Napp erhält den Auftrag, die Frau eines stadtbekannten Unternehmers der ehelichen Untreue zu überführen. Dabei stößt er auf einen Skandal, daß der Dom wackelt: Sex, Lügen, Videos, Korruption und Erpressung. Und mittendrin die ehrenwerten Mitglieder der Mainzer Handkäsmafia.
Der witzigste Krimi seit es Männer gibt.

Patricia Vohwinkel
Atemlos Elchtod
Kriminalroman, ISBN 3-88081-226-8

Ein biederer Teenager mit Zukunft – aber tot. Genauer: tot und kastriert. Ein Fall ganz nach Sinas Geschmack – schräg und verworren. In einer schwülen Sommernacht kämpft sie mit absurden Tatsachen und obsessiven Theorien. Die Grenze zwischen Fiktion und Realität verschwimmt. Als Sina merkt, daß sie ihre eigenen Grenzen überschritten hat, ist es beinahe zu spät ... Daran ist Pathologe Dr. Jakob »Elchtod« de Vries ist nicht ganz unschuldig.

Patricia Vohwinkel
Zufällig Elchtod
Kriminalroman, ISBN 3-88081-222-5

Was haben tote Frauen und Kondome miteinander zu tun? Und die Vergewaltigungen, die alle ein gemeinsames Merkmal haben? Auch die Schwester des Kommissars und den Pathologen verbindet etwas. Außer ihrer Vorliebe für dröhnend laute Elch-Musik.
Wie alles mit Sina und Elchtod begann:
»Bizarrer, intelligenter Krimi« (Ahlener Zeitung) um einen Frauenmörder.
»Kult-Krimi« (Westfälische Rundschau)

Dieter Bauer
Toter Macho, guter Macho
Kriminalroman, ISBN 3-88081-217-9

Werner hält mit seiner Meinung über die »Scheißjuristen-Mafia« nicht hinterm Berg. Und die feiert gerade Silvester mit Suff und Feuerwerk. Der richtige Zeitpunkt, der richtige Ort – da ist gut schießen. Jedenfalls liegt Familienrichter Henneroth tot am Boden. Keine Spuren, keine Zeugen, nur die Tatwaffe. – »Ein neues Sujet des Kriminalromans ist geboren: Seine äußerste Spannung bezieht es aus der fundierten Kenntnis unserer Wirklichkeit.« (Deut. Welle)

Martin Spiegelberg
Die Sache mit Sylvia
Kriminalroman, ISBN 3-88081-224-1

Ein Krimi mitten in der Jazz-Szene – mit Musik, Liebe, Eifersucht, Ehre, Moral, Politik, einem intriganten Miststück und einem eiskalt-rachsüchtigen Ninja. Tolle Atmosphäre. Geht ordentlich zur Sache.
»Der temporeiche, szenekundige und spannend konstruierte Krimi des Jazzmusikers Spiegelberg, der den Helden und die Nebenfiguren vielschichtig zeichnet, wird nicht nur Jazz-Fans überzeugen.« (EKZ)

éditions trèves
Postf. 1550, 54205 Trier, Tel 0651 - 30 90 10, mail@treves.de, www.treves.de

Rudolf Alberg
Ewen in Krieg und Frieden
Roman
ISBN 3-88081-442-2

»Krieg und Vertreibung und die harte Nachkriegszeit. Das ist der Stoff, aus dem große Romane gestrickt sind. [...] Ewen 1944, ein kleines deutsches Dorf gegen Ende des Zweiten Weltkrieges. Während im Osten und im Westen blutige Schlachten toben und die Wehrmacht zunehmend an Boden verliert, geht hier – vor den Toren einer alten Römerstadt – das Leben vermeintlich seinen gewohnten Gang [...].
Alberg zeichnet in dem über 500 Seiten starken Band ein dicht gewobenes Sittengemälde, gibt den Figuren die Tiefe und Leidenschaft eines Leo Tolstoi und die optimistisch eingestellte und nüchterne Lebensweisheit eines John Irving. Authentische Dialoge und sprachlich sicherer Stil heben diesen Kriegsroman weit über den Durchschnitt. Detailtreue und historische Gewandtheit machen ihn zu einem einzigartigen Zeitdokument.« (Pavillon)
Das Buch ist ein Mosaikgemälde der kleinen Leute in schwerster Zeit. Es ist die anspruchsvolle, von der ersten bis zur letzen Seite fesselnde Aufarbeitung eines der dunkelsten Kapitel deutscher Geschichte.
Rudolf Alberg inszeniert auf originelle und innovative Weise ein ausgereift-durchdachtes sowie höchst glaubwürdiges Psychogramm eines deutschen Dorfes während der Nazidiktatur.

Horst Marbach (Hrsg.)
Krieg und Hoffnung
Geschichten von
Schuld, Leid und Lebenswillen
ISBN 3-88081-423-6

Diese Sammlung dokumentiert eine Reihe von Einzelschicksalen – Lebensabschnitte und -geschichten von Menschen jeden Alters, die im Zweiten Weltkrieg dem Grauen hier ebenso ausgeliefert waren wie die Menschen auf der anderen Seite der Front. Zu Wort kommen Männer und Frauen, die damals zum Teil noch Kinder waren, allein und schutzlos, allesamt Opfer eines unmenschlichen Krieges.
Wer sind die wirklichen Verlierer in einem Krieg? Wen trifft das Leid? – Niemals jene, die vorgeben, im Namen des Volkes zu sprechen. Sondern nur die Masse der Bevölkerung, deren Stimme bei entscheidenden Dingen nichts wert ist. Die Männer werden auf dem Schlachtfeld verheizt; Frauen, Kinder und Alte bleiben zurück und müssen für vielfältigen Nachschub sorgen. Alle werden aus ihren Lebenszusammenhängen gerissen, jede Grundlage wird ihnen geraubt.
Gezeigt werden Aspekte, die zwischen Krieg und Hoffnung liegen: Was haben die Menschen erlebt, und was stellen sie heute noch in den Vordergrund? Wie haben sie alles verarbeitet? Woher nahmen sie die Kraft zum Überleben? Und woher die Kraft, Hoffnung für die Zukunft zu schöpfen?

éditions trèves
Postf. 1550, 54205 Trier, Tel 0651 - 30 90 10, mail@treves.de, www.treves.de

Inhalt

Vorwort
Peter Müller, Ministerpräsident des Saarlandes   5

Kurt Jungmann: Als Rotkreuzarbeit illegal war   7
Vera Hewener: KZ Neue Bremm   12
Josef Gillet: Bergmannskühe   15
Marlies Böhm: Wie eich noch klään wòr   16
Dolly Hüther: Valan® – Die Waschmachine in der Tüte   18
Marlies Böhm: Da Schòòlmääschda   28
Josef Gillet: Stoßgebet   29
Rosemarie Hoffmann: In einem kleinen Dorf   30
Rosemarie Hoffmann: Wir zählten zum Erbe   31
Lars Larsen: »Ge Naacht«   32
Erika Dietrich: Geführt   41
Irene Rickert: Da Vatta un sein Búú   45
Marlies Böhm: Riesin   47
Marlies Böhm: Schichtwechsel   48
Fototeil   49
Marlies Böhm: Hettenlied   65
Irene Rickert: Saar-ländliche Idylle   66
Ursula Quirin: Ensdorferabend   67
Ursula Quirin: Gut   68
Ursula Quirin: Holunder   69
Ursula Quirin: Zug nach Saarbrücken   70
Marlies Böhm: Kässchmeaessen   71
Theophil Krajewski: Der Dichter   73
Theophil Krajewski: Der Philosoph   74
Theophil Krajewski: Zitternde Ruhe   75
Theophil Krajewski: Draußen Parkstille   76
Marlies Böhm: Die Hennagass   77
Kurt Jungmann: An der Klagemauer   80
Irene Siegwart: Das Saarland ist ein Dorf   83

Vera Hewener: Sichtfenster	87
Irene Rickert: Ein Morgen in Saarlouis	89
Hans Löw: St. Oranna	90
Hans Löw: Warndtwald	91
Hans Löw: Heimaterde	92
Martina Merks-Krahforst: Surrealistische Nacht	93
Vera Hewener: Berliner Promenade	94
Vera Hewener: Citymeile	95
Béla Bayer: Nachtbummel	96
Fototeil	97
Rosemarie Hoffmann: Primsland – Ferienland	105
Marlies Böhm: Maaien/Plaudern	106
Irene Siegwart: Kirmes auf der Grenze	108
Irene Rickert: Mein »bescht Stick«	113
Werner Treib: Leben und (L)leben lassen	115
Marlies Böhm: Der Bunker	117
Brigitte Sattelberger: Erinnerungen einer Zugereisten	123
Irene Siegwart: Tante auf Saarländisch	133
Irene Siegwart-Bierbrauer: Nachwort	134
Über den FDA	136
Die AutorInnen	137